Kontaktadresse nach EU-Produktsicherheitsverordnung:
produktsicherheit@droemer-knaur.de

KNAUR

Von Elena Uhlig sind bereits folgende Titel erschienen:
Mein Gewicht und ich (HC: 978-3-426-65571-9, TB: 978-3-426-78833-2)
Qualle vor Malle (TB: 978-3-426-78958-2)

Über die Autorin:
Elena Uhlig, geboren 1975 in Düsseldorf, absolvierte ihre Schauspielausbildung an der renommierten Hochschule für Schauspielkunst »Ernst Busch« Berlin. Bekannt wurde sie durch die Rolle der ehrgeizigen Kommissarin Nina Metz an der Seite von Henning Baum in der Sat.1-Krimiserie »Mit Herz und Handschellen« (2002–2006, Regie: u.a. Thomas Nennstiel). Ihr Leinwanddebüt gab sie 2001 in dem deutsch-tschechischen Horrorfilm »Swimming Pool – Der Tod feiert mit« (Regie: Boris von Sychowski). 2004 spielte sie in der vielfach ausgezeichneten Kinokomödie »Alles auf Zucker!« von Dani Levy neben Henry Hübchen und Hannelore Elsner. Darüber hinaus war sie u.a. 2005 in »Grüße aus Kaschmir« (Regie: Miguel Alexandre) und »Der Untergang der Pamir« (Regie: Kaspar Heidelbach) zu sehen, in Til Schweigers »Keinohrhasen« (2007), »Das Geheimnis der Wale« (Regie: Philipp Kadelbach) mit Veronica Ferres, Christopher Lambert und Mario Adorf, im Historiendrama »Die Wanderhure« (2009, Hansjörg Thurn) und in »Trau niemals deiner Frau« von Lars Becker (2011). 2014 übernahm sie die Hauptrolle in der ZDF-Vorabendserie »Die Familiendetektivin« (Regie: Ulli Baumann). 2015 und 2016 stand sie für zwei Staffeln der österreichischen Kultserie »Vier Frauen und ein Todesfall« vor der Kamera. Mit ihrem Autorendebüt »Mein Gewicht und ich – Eine Liebesgeschichte in großen Portionen« (2016, Knaur) stieg sie gleich in die SPIEGEL-Bestsellerliste ein. 2017 folgten der Historienfernsehfilm »Die Ketzerbraut« (Regie: Hansjörg Thurn) und die Kinokomödie »Auf der anderen Seite ist das Gras viel grüner« (Regie: Pepe Danquart). 2018 erschien ihr zweites Buch »Qualle vor Malle – Urlaub mit Familie, Chaos inklusive« (Knaur). Zuletzt war sie in der Verfilmung von Hape Kerkelings gleichnamigem Roman »Der Junge muss an die frische Luft« unter der Regie von Oscar®-Preisträgerin Caroline Link im Kino zu sehen sowie im Improvisationsfilm »Klassentreffen« (2019, Regie: Jan Gregor Schütte) und der dazugehörigen sechsteiligen Miniserie im Fernsehen. »Doch, das passt, ich hab's ausgemessen! – Eine Frau weiß, wenn sie recht hat« (Knaur) ist ihr drittes Buch.

Elena Uhlig

Doch, das passt, ich hab's ausgemessen!

Eine Frau weiß, wenn sie recht hat

KNAUR

Besuchen Sie uns im Internet:
www.knaur.de

Originalausgabe Oktober 2019

Ein Imprint der Verlagsgruppe
Droemer Knaur GmbH & Co. KG, München

Covergestaltung: Isabella Materne
Coverabbildung: Cindy Fröhlich
Satz: Adobe InDesign im Verlag
Printed in Germany
ISBN 978-3-426-56014-3

1 3 5 4 2

Widmung

Frau Uhlig überlegt sich eine Widmung:
»Hör mal Karl, wie findest du das?
Version 1: Ich widme dieses Buch Herrn Karl, denn wenn es passt, dann passt's.
Version 2: Ich widme dieses Buch Herrn Karl, für den es nicht immer leicht ist mit mir, aber er hat entschieden, das passt.
Version 3: Ich widme dieses Buch Herrn Karl. Auch wenn es mal nicht passt, passt es doch immer. Danke, dass es dich gibt.
Version 4: Ich widme dieses Buch Herrn Karl, der mich immer wieder erträgt, auch wenn es mal nicht passt.
Version 5: Ich widme dieses Buch Herrn Karl. Mehr gibt es dazu nicht zu sagen, denn das passt.
Version 6: An Herrn Karl, der passt. Auch wenn es mal nicht passt, passt es doch immer. Danke, dass es dich gibt.
Version 7: Ich widme dieses Buch Herrn Karl, das passt.«
»Schluss jetzt, Uhlig!«
»Was passt, Karl?«
»Ich weiß es nicht, Uhlig. Es ist dein Buch.« »Gut, dann nehm' ich alle, das passt.«

Herzensmenschen im Buch: Frau Lightning, Herr Lightning, Sarita, Elenita, die Buben, Prinzessin, Madame Maus, meine Oma, Kita, das Spatzerl, Luxe, Sabine und Matteo, Bauer Wenger. Und nicht zu vergessen der liebe Klaus. Und sämtliche Hotline-Mitarbeiter dieser Welt.

Inhalt

Frau Uhlig braucht jetzt Internet! 8

Frau Uhlig findet es unerhört 12

Frau Uhlig ist fassungslos 15

Frau Uhlig und ihre Bettgeschichten 19

Frau Uhlig hat eine Erleuchtung 23

Frau Uhlig und die erste wirklich große Liebe 25

Frau Uhlig bleibt die Spucke weg 32

Frau Uhlig schlägt zu 37

Frau Uhlig hat Verständigungsprobleme 40

Frau Uhlig und das Familienbett 47

Frau Uhlig verursacht Lagerkoller 49

Frau Uhlig will es richtig nett 53

Frau Uhlig im Funkloch 58

Frau Uhlig und der alte Schwede 64

Frau Uhlig schreitet zur Tat 70

Frau Uhlig braucht Hilfe 75

Frau Uhlig macht den Sack zu 81

Frau Uhlig in Zeitnot 87

Frau Uhlig hat nun alles doppelt 98

Frau Uhlig hat ihre liebe Not 103

Frau Uhlig kann’s nicht glauben 105
Frau Uhlig sucht eine Lösung 110
Frau Uhlig weiß sich zu helfen 113
Frau Uhligs Nerven liegen blank 118
Frau Uhlig hat die Lösung 123
Frau Uhlig will ihr Nest zurück 128
Frau Uhlig ist entzückt 137
Frau Uhlig versteht die Welt nicht mehr 141
Frau Uhlig ist entsetzt 143
Frau Uhlig hat entschieden 145
Frau Uhlig war im Flugmodus 147
Frau Uhlig bringt schon mal Möbel hin 150
Frau Uhlig klärt auf 155
Frau Uhlig hat die Faxen dick 159
Frau Uhlig sieht Land 161
Frau Uhlig und der Küchenwahn 168
Frau Uhlig bekommt ein Lob 176
Frau Uhlig hat Anschluss 180
Frau Uhlig zieht ein 182
Frau Uhlig muss schreiben 187
Frau Uhlig traut ihren Augen nicht 194
Frau Uhlig und das Finale 199

Danksagung 208

Frau Uhlig braucht jetzt Internet!

»Nein, hören Sie! Es ist ganz einfach. Ich … Hallo? Bitte! Nein! Bitte, bitte nicht!«

Jetzt war es schon wieder passiert. Schon wieder hatte man mich in die Warteschleife verlegt, weil man mich mit einem anderen Mitarbeiter verbinden wollte. Ich hasse diese Stimme, die nun in meinem Ohr war. Warum die Telekom nicht mal eine neue Stimme zum Besprechen der Daueransagen nimmt, ist mir unbegreiflich. Die müssen doch wissen, dass diese Stimme für ihre Kunden zu einem absoluten Hassobjekt geworden ist. Und wieder hörte ich die altvertraute Ansage: »Derzeit sind alle Leitungen belegt, bitte legen Sie nicht auf. Wir verbinden Sie weiter, sobald eine Leitung frei geworden ist. Please hold the line, we connect you as soon as possible … Tää tää tää tä tä. Derzeit sind alle Leitungen belegt, bitte legen Sie nicht auf. Wir verbinden Sie weiter, sobald eine Leitung frei geworden ist. Please hold the line, we connect you as soon as possible … Tää tää tää tä tä. Derzeit …«

Jetzt war der Moment gekommen, wo ich mich entscheiden musste, entweder das Telefon gegen die Wand zu werfen und einen Tobsuchtsanfall zu bekommen oder tief durchzuatmen, das Telefon laut zu machen, beiseitezulegen und mir einen Beruhigungstee zu kochen. Machen kannst du eh nichts, sie bremsen dich einfach aus. Es bringt gar nichts, wenn du nach gefühlten dreißig Minuten einen Mitarbeiter am Telefon hast, ihn anzumotzen und dich zu beschweren, denn dann wird er dich umgehend verbinden mit dem angeblichen richtigen Ansprechpartner, und bevor du noch »Nein« rufen kannst, haben sie dich schon wieder in die Warteschleife gelegt.

»Derzeit sind alle Leitungen belegt, bitte legen Sie nicht auf …«

Es war zum Verrücktwerden. Ich war so wütend und fühlte mich ungerecht von der Telekom behandelt, und das, obwohl ich doch seit Jahren treue Kundin bin. 69 Euro Umzugsgebühr verlangten sie von mir. Es sei denn, ich würde Internet-Fernsehen dazunehmen, dann müsste ich gar nichts bezahlen. Das kann doch nicht sein, das ist ungerecht. Nehme ich Internet-Fernsehen, kostet mich der Umzug gar nichts. Nehme ich keines, zahle ich 69 Euro. Das ist doch Erpressung. Ich werde von der Telekom erpresst beziehungsweise genötigt, Internet-Fernsehen dazuzubuchen, wenn ich keine Umzugsgebühr zahlen will. Ich will aber auch kein Internet-Fernsehen. Und deshalb muss ich jetzt 69 Euro zahlen.

Übrigens: Ich hätte den Vodafone-Telefon- und Internetanschluss der Vormieter der neuen Wohnung unentgeltlich übernehmen können. Es wäre sogar besser gewesen, nicht weil ich die Telekom schlecht finde (ich bin schließlich mit der Telekom aufgewachsen), sondern weil sie es nicht schafft, durch die im Haus verlegten Glasfaserkabel ihre Bits (oder was auch immer) durchzujagen. Die Leitung im Haus ist nämlich auf den neuesten Standard gebracht worden, damit mehrere Nutzer gleichzeitig mit einer Fünfzigtausender-Geschwindigkeit durchs Internet rasen können. Nur die Telekom schafft das nicht. Sie hat mir zwar eine Fünfzigtausender-Internetleistung verkauft, aber die endet im Verteilerkasten im Keller. Ab da geht es dann mit alten Kupferkabeln weiter, die niemals die Fünfzigtausend leisten können. Das heißt, ich habe zwar die höchste Geschwindigkeit, aber nur im Keller. Warum die Telekom ab da nur Kupferkabel nutzt? Ich weiß es nicht. Bis dato kannte ich mich weder mit Glasfaser- noch mit Kupferkabeln aus. Ich dachte immer, ich bestelle einfach die schnelle Verbindung im Geschäft, so wie der Strom aus der Steckdose kommt ... Aber jetzt weiß ich alles, weil der Umzugsservice der Telekom sich querstellte und das parallele Anmelden meines Kabelanschlusses in der neuen Wohnung mir eine neue Welt eröffnete und ich somit mit Vodafone, die auf Glasfaser senden, in Berührung kam. Sei es, wie es sei, ich kann den Telekom-Internetvertrag nicht ändern, denn der ist mit meinem Festnetzvertrag und der wiederrum mit meinem Handyvertrag gekoppelt. Und dieser Handyvertrag ist wichtig für mich. Sehr wichtig, denn er hat eine Besonderheit: die Auslandsoption. Diese Option macht es unweit günstiger beziehungsweise es kostet gar nichts, mit dem Handy in die EU zu telefonieren. Österreich hätte mir gereicht, gab es aber nicht, ich musste die ganze EU nehmen. Du bekommst aber nur die Option der EU-Flat, wenn du auch das Festnetz bei der Telekom hast, das Ganze nannte sich »Magenta1-Vorteil mit Auslandsoption«. Das hat die Telekom eh schon längst abgeschafft, da sie sich damit ins eigene Bein geschnitten hat finanziell, aber ich habe die Option, die können sie mir nicht nehmen. Da ich verliebt bin in einen Österreicher, bin ich nun auch abhängig von der Telekom. Letzteres bereitet mir kein gutes Gefühl, und es macht mich in der Warteschleife noch machtloser und aggressiver, als ich eh schon bin.

»... Please hold the line, we connect you as soon as possible ... Tää tää tää tä tä ...«

Mittlerweile hatte sich Herr Karl schon dreimal vom Dreh gemeldet, und ich musste ihn jedes Mal wegdrücken, denn würde ich rangehen, wäre die Gefahr groß, dass ich genau in dem Moment an der Reihe wäre und das Telefonat beendet würde, weil man mich nicht hören konnte. Ich konnte auch nicht auflegen, denn ich hatte jetzt schon so lange gewartet und so viel Zeit verschwendet, dass … Ich brauchte einen Tee oder besser Beruhigungsschokolade.
Gerade schob ich mir ein Stück Schokolade, das ich aus einem Versteck im Kleiderschrank zog, in den Mund, da hörte ich aus weiter Ferne nichts mehr. Panik. Der Jingle, die Dauerschleife war weg. Das konnte nur eines bedeuten. Oh nein, ich hörte schon: »Hallo, hallo! Schönen guten Tag. Hallo, ist da wer? Deutsche Telekom hier. Was kann ich für Sie tun?«
Ich stürzte zu meinem Telefon, sprang über zwei auf dem Boden liegende Puppen, rutschte auf einem herumliegenden Malblock aus, schlitterte auf die Anrichte zu, wo mein Handy lag, griff danach, bekam es nicht richtig zu fassen, und es fiel zu Boden. Oh nein. »Oh nein. Bitte lieber Gott, lass das Glas nicht gebrochen sein!«, flehte ich gen Himmel. So weit war es nun schon gekommen, dass ich Gott anflehte, damit das Glas vom Handy nicht gebrochen ist.
»Schönen guten Tag, Deutsche Telekom. Was kann ich für Sie tun?«, wiederholte die Stimme lauter. »Hallo, hallo, ist da wer? Bitte melden Sie sich, sonst lege ich auf!«
So, Uhlig, reiß dich zusammen, schoss es mir durch den Kopf. Mit immer noch vollem Mund rief ich: »Hallo Sie, warten Sie bitte, mir ist das Telefon runtergefallen.«
»Guten Tag. Hier ist die Deutsche Telekom. Leider verstehe ich Sie nicht. Bitte rufen Sie noch einmal an.«
Tuut, tuut, tuut.

Frau Uhlig findet es unerhört

Nein, ich sage Ihnen jetzt noch was! Ich warte seit fünf Stunden. Ich habe extra eine Freundin mitgenommen, die auch wartet und die meine Zeugin ist. Niemand ist gekommen, niemand! Wissen Sie, wie schwierig das ist, aus Österreich anzurufen und den Termin bei Ihnen zu organisieren? Nein, das können Sie ja nicht wissen, weil Sie sind ja nicht in Österreich. Ich sage Ihnen, es hat mich Tage gekostet. Tage, in denen ich mindestens eineinhalb Stunden in der Warteschleife gehangen habe. Ich lasse mich jetzt auch nicht abspeisen. Wir warten hier, und spätestens jetzt hätte der Techniker da sein sollen. Es ist aber niemand hier. Ich habe sogar ein Schild unten an die Klingel geklebt, damit er weiß, wo er klingeln muss. Niemand, niemand hat geklingelt, und niemand ist gekommen. Ich kann Ihnen gar nicht sagen, wie fassungslos ich bin. Seit zwei Monaten schlage ich mich mit dem Umzug meines Telefonanschlusses rum. Wissen Sie, bei Vodafone wäre das alles ganz easy gegangen. Und dann auch noch ohne Gebühren. Und auch auf dem besseren Kabel. Also, dem Kabel, das die Fünfzigtausender-Leitung bis in die Wohnung bringt. Ich bin wirklich sehr ungehalten jetzt, muss ich Ihnen sagen. Ich fühle mich total ungerecht behandelt.« Ich holte tief Luft. »Wissen Sie, Sie können ja letztlich gar nichts dafür«, fuhr ich weiter fort, »aber Sie müssen auch meinen Ärger verstehen. Müssen tun Sie natürlich gar nichts, aber versuchen Sie, sich bitte mal in meine Lage zu versetzen. Sie kriegen jetzt Ärger ab, mit dem Sie gar nichts zu tun haben. Ich muss mich da wirklich in aller Form entschuldigen. Schmidt müsste ich jetzt den Ärger machen und nicht Schmidtchen. Ich will damit natürlich nicht sagen, dass Sie unwichtig sind, weil ich Sie jetzt Schmidtchen genannt habe. Das ist ja nur eine Redewendung. Ich meine damit, ich will nach oben treten und nicht nach unten. Nicht, dass Sie jetzt unten sind. Herrschaftszeiten, Sie wissen schon, was ich meine. Ich rede mich hier noch um Kopf und Kragen«, versuchte ich, eine noch dümmere Redewendung anzuwenden. »Wie dem auch sei, Sie können ja gar nichts dafür. Sie waren ja von Anfang an, also seit Beginn unseres Telefonats die erste kompetente und nette Hilfe bei der Telekom seit Langem. Und ich muss Abbitte leisten, es arbeiten nicht nur Dummköpfe bei der Telekom, jetzt wo ich mit Ihnen spreche. Aber wir müssen wirklich eine Lösung finden. In zwei Stunden muss ich weg, dann kann hier niemand mehr aufmachen

Ein Wahnsinn, dieser Umzugsservice, wirklich ein Wahnsinn. Und dann noch diese Kostensache, ich sage Ihnen, da habe ich mich ja so geärgert. Ich erzähle Ihnen das jetzt mal kurz. 69 Euro muss ich für den Umzugsservice zahlen. Dabei habe ich damals schon für die Bereitstellung des Anschlusses gezahlt, und Sie müssen ihn jetzt nur freischalten. Dass dafür ein Techniker kommen muss, weil die Freischaltung nicht funktioniert, ist nicht mein Problem.«

»Entschuldigung, Frau Uhlig, darf ich Sie ganz kurz unterbrechen? Dürften wir Ihnen für diese Unannehmlichkeit 20 Euro gutschreiben auf der nächsten Rechnung? Möglicherweise sehen Sie das erst auf der übernächsten, da der Abrechnungszeitraum sich überschneiden könnte.«

Stille.
»Das, muss ich jetzt sagen, wäre nicht nötig gewesen, nehme ich aber gerne an für diese ganzen Unannehmlichkeiten.«
»Wir von der Deutschen Telekom sind stets bemüht, dass sich unsere Kunden wohlfühlen. Im Anschluss an unser Gespräch werden Sie angerufen und gefragt, wie Ihnen der Service gefallen hat. Es würde mich sehr freuen, wenn Sie …«
»Sie brauchen gar nichts weiter sagen. Natürlich, das mache ich gerne, ganz gerne.«
»Dann bedanke ich mich im Namen der Telekom und wünsche Ihnen noch einen schönen Tag.«
»Den wünsche ich Ihnen auch«, sagte ich.
»Hast du gehört, ich bekomme 20 Euro für die Unannehmlichkeiten«, rief ich meiner Freundin in der Küche zu.
»Aha«, meine Freundin tauchte im Türrahmen auf, »und wann kommt jetzt der Techniker?«

Frau Uhlig ist fassungslos

»Nein, Sie gehen auf gar keinen Fall!«

Wütend stand ich in der geöffneten Tür und ließ nicht zu, dass sie von außen zugezogen wurde. Das konnte doch nicht wahr sein! Böse funkelte ich diesen Milchbubi, Dreikäsehoch, übersät von …, er hatte eine wirklich schlimme Haut, und sein Händedruck am Anfang unserer Begegnung erinnerte an einen lauwarmen, nasskalten Waschlappen. Doch der junge Mann drehte sich einfach um und setzte seinen Fuß auf die oberste Stufe der Treppe.

Ganz schön stur, der Waschlappen, schoss es mir durch den Kopf. »Hallo Sie! Sie gehen jetzt nicht! Hören Sie mich überhaupt? Hallo?« Meine Stimme schnappte über.

»Ich gehe jetzt!«, hörte ich diese halb gare Stimme, die den Unterschied zwischen Junge und Mann ausmachte.

»Sie gehen jetzt gar nicht! Sie gehen jetzt wieder rein und machen diesen Anschluss!«

»Ich gehe jetzt«, wiederholte der Junge. Scharf sog ich die Luft ein.

»Noch mal, Sie gehen jetzt gar nicht! Sie kommen sofort rein und reparieren diesen Anschluss!«

Wie waren wir überhaupt in diese unmögliche Situation gekommen? Nach einer weiteren gefühlten Stunde mit der Hotline hatte man mir gesagt, dass der Techniker zur selben Zeit, also während unseres Telefonats, schon vor Ort gewesen, aber unverrichteter Dinge wieder gegangen war, da angeblich kein Name an der Klingel stand beziehungsweise nicht der richtige. Es brachte auch gar nichts, dass der Hotline-Mann mehrfach nachfragte und nach wiederholtem »Ich lege Sie kurz in die Warteschleife, aber bitte bleiben Sie dran, ich bin gleich wieder da« herausfand, dass der Name an der Klingel tatsächlich stimmte. Das brachte mich nur leider kein Stück weiter, denn der Techniker, so viel konnte man sehen, hatte als Begründung geschrieben: Kundenname nicht am Klingelschild. Der Telekomtechniker hat nämlich ein ähnliches Gerät wie der Postbote – da, wo man digital unterschreiben muss, dass man das Paket erhalten hat, da kann vermutlich der Telekomtechniker schreiben ›Kunde nicht angetroffen‹.

»Hören Sie«, erklärte ich dem Hotline-Mann, »völlig egal, was der Techniker geschrieben hat, Fakt ist: Ich bin da und der Techniker nicht. Und wie wir nun festgestellt haben, trifft mich keine Schuld. Ich bitte Sie nun inständig, den Techniker zurückzupfeifen. Er kann ja noch nicht weit sein, Sie sagten ja gerade, die digitale Meldung kam um 15.46 Uhr, und nun haben wir 16.02 Uhr. Bitte pfeifen Sie ihn zurück. Ich habe mir heute extra freigenommen. Eine Freundin musste sich ebenfalls freinehmen, um mitzukommen, da es mit Baby nicht so angenehm auf der Autobahn zu fahren ist. Wenn ich heute Abend zu Hause bin, habe ich 500 Kilometer hinter mir. Nur wegen des Anschlusses. Ich habe mittlerweile acht Stunden gewartet, obwohl das von Ihnen angegebene Zeitfenster nur sechs Stunden betrug. Gefühlte drei Stunden habe ich mit der Hotline verbracht.« Ich wechselte die Taktik: »Ohne Sie bin ich verloren. Bitte finden Sie diesen Techniker, bitte rufen Sie ihn zurück. Bitte! Wir brauchen das Internet.«

Das hatte gewirkt. Zwanzig Minuten später klingelte es an der Wohnungstür. Und dann verschlug es mir die Sprache. Uhlig, schalt ich mich, Uhlig, sei nicht so voreingenommen von Alter und Aussehen. Vermutlich hat dieser junge Mann, auch wenn man es nicht auf den ersten Blick erkennen kann, schon Fernmeldetechniker im Kindergarten gespielt, hat einen überdurchschnittlichen IQ, zwei Klassen übersprungen und mit vierzehn die Schule abgeschlossen. Anders war es nicht zu erklären, dass dieser junge Mann, der vor mir stand, tatsächlich der Telekom-Techniker sein sollte. Am liebsten hätte ich ihn nach dem Ausweis gefragt. Wie dem auch sei, er fragte, wo sich der Router befände, dann fragte er nach der Telekombox, dann ging er in den Keller, kam wieder und sagte, er würde jetzt gehen, da er nichts ausrichten könne, denn er habe nur den Auftrag, die Leitung freizuschalten. Das könne er aber nicht, da sein Zeitfenster nicht ausreichen würde, um festzustellen, warum das Signal, das im Keller durchaus vorhanden ist, nicht in der Wohnung ankommt. Außerdem hätte ich keinen Telekomanschluss in der Wohnung, also die Buchse, in die man die Stecker steckt. Das wäre auch alles nicht seine Aufgabe und im Auftrag nicht aufgelistet. Er sei nur zu Freischaltung hier, und das hätte er im Keller gemacht. Ja, ich glaube, da habe ich mich dann im Ton vergriffen, das ist möglich. Aber nicht schlimm, ich war wirklich human. Und ich war fassungslos. Ich hatte einen ganzen Tag verplempert, ohne richtig gegessen zu haben. Schlimmer noch, ich würde an diesem Tag 500 Kilometer umsonst gefahren sein und diese 500 Kilometer erneut fahren müssen, um einen neuen Technikertermin durchführen zu können. Und dann drehte sich der Junge doch tatsächlich um und verließ einfach die Wohnung. Und so waren wir in diese Situation gekommen: wutschnaubend stand ich in der offenen Tür und rief: »Nein, Sie gehen jetzt nicht!« Der Dreikäsehoch schon auf der Halbtreppe. Kurz schaute er mich noch an, dann drehte er sich weg und lief zwei Stufen auf einmal nehmend die Treppe hinunter. Fassungslos und vom Donner gerührt blieb ich in der Wohnungstür stehen. Ich habe ja schon viel erlebt mit Technikern, viel, aber das war mir noch nie untergekommen. Ich hörte mein Baby schreien und drehte mich zu meiner Freundin um, die weit hinten im Flur stand und mich fragend anschaute, und ich glaube, da habe ich mich wirklich im Ton vergriffen, als ich meiner Wut über den Techniker, die Telekom und der ganzen Situation freien Lauf ließ.

Manchmal ist es wichtig, Abstand zu nehmen von Dingen und sich ihnen erst dann wieder zu widmen, wenn man genug Kraft und Ausdauer dafür übrig hat, und deshalb verlasse ich an dieser Stelle vorübergehend die Telekom und widme mich angenehmeren Dingen im Leben.

Frau Uhlig und ihre Bettgeschichten

Es beginnt meist mit einem Weidenkorb oder einer Wiege. Darauf folgen das Babybettchen und das Kinderbett. Dann das Jugendbett, und wenn man Glück hat, kann man hier bei der Auswahl schon mitentscheiden. Nach dem Jugendbett dann die Matratze auf dem Boden, zumindest war das damals bei allen meinen Freunden und mir so. Diese Bodenmatratze … stammte entweder noch aus dem Jugendbett, das man aber in Birkenfurnier nicht mehr sehen konnte, oder aus dem ersten halbwegs coolen Schwarz- oder Weißrohrmetallbett von Inar-Einar-Örnar-Svenson. Egal welches Bett, es musste weg. Ab in den Sperrmüll, und schon lag die Matratze auf dem Boden. Sie war entweder schon durchgelegen oder begann alsbald zu schimmeln, da sie nun auf dem Boden keine Luft mehr bekam. Auf jeden Fall war es nur eine Frage der Zeit, bis man sich im Matratzenbilligdiscounter wiederfand, um eine neue Liegestätte zu erstehen – entweder mit den Eltern oder gar mit der Oma, von der man sich eine großzügigere Finanzspritze erhoffte. Die neue Matratze sollte selbstredend ein paar Jahre halten und quasi die Übergangsmatratze werden, die man von zu Hause in die erste eigene Wohnung mitnehmen würde. Matratzenbilligdiscounter haben ja oft Spitzenangebote, und man hatte trotz aller Sonderangebote tatsächlich das Gefühl, in einem Fachgeschäft zu sein, da es hier nur Matratzen gab. Heute weiß ich, dass die Matratzenbilligdiscounter das ganze Jahr über dieselbe Matratze im Angebot haben,

aber das war mir damals noch nicht klar, denn sooft beschäftigt man sich ja nun doch nicht mit Matratzen.
Die Matratzenbilligdiscounter liegen meistens an Ausfallstraßen, wo man ohne Motorisierung nicht hinkommt, um Preise zu vergleichen. Damals hatte man kein Auto, und so kam es, dass man an dem Tag, an dem man sich irgendwo ein Auto geliehen hatte, glaubte, bei diesem unsagbaren Angebotsschnäppchen einer Matratze sofort zugreifen zu müssen. Völlig egal, ob man bis dato auf Federkern sehr gut geschlafen hatte, meinte man jetzt, ohne Kaltschaum ginge gar nichts mehr. Schlief man vorher auf Kaltschaum, wusste man endlich, woher die Rückenschmerzen kamen, denn dank des freundlichen Fachverkäufers wurde man nun auf die einzig wirklich richtige Matratze hingewiesen (meist war es die, die eigentlich schon längst wegmusste und auf die der Discounter die größte Verdienstspanne hatte). Spätestens nachdem man auf mehreren Probe gelegen hatte, war man sowieso verwirrt und wusste gar nichts mehr. Man klammerte sich an den Fachverkäufer wie an einen Anker. Mittlerweile schmerzte der ganze Rücken, egal welche Matratze man ausprobierte. Die Rückenschmerzen konnten eine Diskussion mit der Oma über die falsche Haltung auslösen, falls man sie mit zum Matratzenkauf genommen hatte – und das nicht nur, weil sie, wie in meinem Fall, in dritter Generation Ärztin war, nein, Omas weisen immer auf die falsche Haltung und deren Konsequenzen hin. Aber wie das mit der renitenten Jugend so ist, jeder muss seine eigenen Erfahrungen machen.
»Oma, bitte, das ist jetzt wirklich nicht der richtige Zeitpunkt.«
»Liebling, du hast einen Flachrücken. Das muss der

junge Mann wissen. Du hast da eine Fehlstellung, das ist überhaupt kein Problem, man kann wunderbar damit leben. Aber man muss darauf hinweisen und sollte darauf Rücksicht nehmen. Ende der Diskussion.« Und damit wandte sich meine Oma rigoros dem Fachverkäufer zu. »Welche Matratze ist denn bei Problemen im Halswirbelbereich zu empfehlen, junger Mann?«

Stille.

Und siehe da, der Mann hatte plötzlich einen Geistesblitz, oh Wunder, oh Wunder. Natürlich hatte er gerade nur noch ein Exemplar der Free-Flex-Majestic mit der besonderen punktierten, über das Kreuz geschossenen, im Schulterbereich eingelassenen Weichflexverbandung da. Sie lag zwar vom ursprünglichen Budget der Oma weit entfernt, aber Omas lassen sich leicht um den Finger wickeln. Und mit Sonderrabatten und Extrarabatten und viel Goodwill des Fachverkäufers hatte man das Glück, mit einem augenzwinkernden »Weil Sie es sind und Ihre nette Oma« dieses einmalige Angebot von ihm zu bekommen. 200 DM über Budget, egal. Das leuchtete auch meiner Oma ein, denn an ein solches Angebot, bei dem man so viel sparte, käme man ja nie wieder ran. Dieses unschlagbare Schätzchen lag ja aus heutiger Sicht praktisch nur 100 Euro über Budget, und hätte man damals schon gewusst, was der Euro mit der DM macht, hätte man selbst bei 400 DM mehr auch zugeschlagen. Und da wir außerdem laut dem »jungen Mann« so wahnsinnig sympathisch waren, konnten wir für nur einen weiteren Fünfziger obendrauf auch noch die verlängerte Garantie erwerben. Diese erste, lieb gewonnene Matratze maß in meinem Fall 1,40 × 2 Meter, und sie würde laut dem freundlichen und geschulten Fachverkäufer bestimmt noch in die erste eigene Bude oder ins erste WG-Zimmer mitziehen. Die verlängerte Garantie würde sich also voll bezahlt machen. Na, wenn das kein Glücksfall war!

Dass es diesen Discounter in einem möglichen Garantiefall vermutlich gar nicht mehr gäbe oder man im Falle eines Umzugs nicht mehr in die Nähe des Discounters käme, abgesehen davon, dass man sich selbst dann die Frage stellen würde, ob es überhaupt sinnvoll wäre, die Matratze 650 Kilometer weit zu transportieren (damals tankte ich ja noch Super verbleit, doch selbst das ist aus heutiger Sicht ein Schnäppchen), bleibt offen. Egal, allein der Gedanke, auf einer Garantie zu liegen, beruhigte mich und meine Oma damals ungemein.

Die Matratze erfüllte ihren Zweck, aber irgendwann kommt es, wie es kommen muss. In den ersten Jahren war das Leben dieser Matratze noch ruhig, aber nachdem sie mit mir das Elternhaus verließ, wurde es turbulent. Ihr Schutz war nicht mehr gegeben. Den Matratzenschoner hatte ich beim Umzug im Lkw als Stoßdämpfer missbraucht, nun lag sie verletzlich auf dem Boden. Zeitweise wurde sie gar als Picknickmatte verwendet, da ich in meiner Studentenbude anfangs noch keinen Tisch hatte und mich so an das Essen im Bett gewöhnte. Schrecklich! Besuch stieg achtlos über sie hinweg, und gerade die Spezies Mann zollte ihr nicht wirklich Respekt. Sie ließ mich ihre Kränkung spüren, ich hatte nun dauernd Rückenschmerzen. Vielleicht war sie noch in der Lage, als Gästematratze zu fungieren, aber als Vollzeitlösung kam sie nicht mehr infrage. Etwas Neues musste her, und ich würde diesmal ganz alleine entscheiden, denn ich war erwachsen geworden. Die nächste große Beziehung, die ich eingehen würde, wäre ein neues Bett und kein Mann, so beschloss ich.

Frau Uhlig hat eine Erleuchtung

Es trug sich zu, dass ungefähr zu dem Zeitpunkt, als die Bettenfrage immer drängender im Raum stand, ich bei einem Bekannten nächtigte. Noch nie hatte ich so gut geschlafen. Dass ich am Abend zuvor ein wenig Alkohol getrunken hatte, um meinen damaligen Liebeskummer zu ertränken, das übersehen wir bitte an dieser Stelle geflissentlich. Ich trinke sonst nie Alkohol, ich mag den Bittergeschmack von Vergorenem nicht. Aber in Notfällen, mit Nasezuhalten und durch, rutscht der Alkohol schon runter. Egal. Das wirklich Wichtige dabei war: Trotz der widrigen Umstände des Vorabends schlief ich hervorragend. Und warum? Wegen der Matratze, genauer des Matratzenbettes. Zum ersten Mal hatte ich das Gefühl, die Sonne zu sehen und im gleißenden Licht des Daseins aufzuerstehen. Klar war nun: Ich brauchte so ein Matratzenbett, es musste einfach her, ich hatte mich verliebt.

Und damit begann meine Liebe zum Boxspringbett – ein Bett, das aussieht, als ob es nur aus Matratzen bestehen würde, Unter- und Obermatratze mit Füßen dran. Da muss man sich keine Gedanken über das Bettgestell machen, sondern nur, welche Farbe der Stoffüberzug der Untermatratze haben sollte. Herrlich! Genial! Das war Anfang 2000, da hatte sich das Hotelbett in unseren Breitengraden als Schlafzimmerbett noch nicht durchgesetzt. Mittlerweile gibt es an den Ausfallstraßen ja schon Boxspringbettdiscountmärkte.

Aber zurück. Ich war 29 und auf der Suche nach mir selbst, in einer schweren »Ich werde 30«-Krise.
Ich war jung, ich war unabhängig, ich verdiente Mörderkohle, ich wusste, wie der Hase läuft. Ich hatte sogar einen Gärtner für meinen sechs Quadratmeter großen Balkon engagiert, mit Bewässerungsanlage und Urwaldambitionen. Verwunschen sollte er sein, mein Balkon, und wirken wie Dornröschens verwachsener Sims – nur bitte ohne Dornen, damit der Großstadtprinz sich nicht die Hände verletzte. Dahinter würde ich in diesem großartigen neuen Bette schlummern und auf Befreiung warten, so mein Plan. Dornröschen gab es nicht nur im Märchen, sie war nun hier im größten Möbelhaus der Stadt, mit ihrer Freundin, der guten Fee, um den Traum vom Prinzen und der Erweckung aus dem Jahrhundertschlaf Wirklichkeit werden zu lassen. Denn nur in diesem Bett, so wusste sie, war ein Jahrhundertschlaf und das daraus resultierende Märchen möglich, glücklich und zufrieden zu leben bis an ihr Lebensende.

Frau Uhlig und die erste wirklich große Liebe

»Kita, was sagst du?«
»Mhmm«
»Kittiplatsch, wie ist die?«
»Elli, die ist wunderbar.«
»Ja, oder?«
»Und? Sind die Damen der Entscheidungsfindung ein Stückchen näher gerückt?«
Ich setzte mich auf der Matratze, auf der ich gerade Probe lag, auf und lächelte dem Matratzenfachverkäufer freudestrahlend entgegen.
»In der Tat. Ich denke, ich nehme die hier. Oder, Kita? Die wär's doch jetzt, nicht wahr?«
Hilfe suchend schaute ich meine wundervolle Freundin an, die ich schon aus den Schauspielschultagen in Ulm kannte. Wenn mir eine helfen konnte, jetzt die richtige Entscheidung zu treffen, dann war es Kita. Kita musste sich die Dinge nicht selbst leisten können, um zu wissen, wie der Hase läuft. Sie hatte ein Auge für das wirklich luxuriöse wertvolle Einzigartige und die nötige Fantasie, gepaart mit Humor. Das machte sie zu einer unentbehrlichen Freundin, und das nicht nur beim Matratzenkauf. Kita hatte verstanden, dass nun das Märchenbett hermusste, in vollem Umfang und in seiner ganzen Pracht. Kita ließ sich noch mal auf meiner Matratze nieder, um salbungsvoll nickend und im Einklang mit mir die Entscheidung zu treffen.
»Die hier, richtig?«

»Kita, goldrichtig, genau die meine ich auch. Ich hätte es nicht besser sagen können, die hier trifft es auf den Punkt. Nun Herr, Herr …«

Ich wandte mich dem wartenden Fachverkäufer zu.

»Eberswald«

»Richtig. Entschuldigen Sie bitte, Herr Eberswald, Ihr Name war mir gerade entfleucht. Die hier nehme ich, und jetzt die alles entscheidende und spannende Frage des Tages: Wie viel kostet sie?«

»Nun«, Herr Eberswald tat eine Kunstpause, »da haben Sie eine wirklich gute, gute Wahl getroffen, denn sie ist quasi unser Ferrari, wenn Sie so wollen.«

»Wunderbar, Herr Eberswald, wie viel kostet sie?«

»Nun, hier kann man ja von Kosten gar nicht sprechen. Wir reden ja von einem Lebensgefühl, Frau Uhlig.«

Er hatte sich meinen Namen gemerkt, schoss mir durch den Kopf.

»Wenn Sie mal bedenken, Frau Uhlig, wie viel Zeit Sie mit Schlafen verbringen, ist es hochgerechnet ungefähr die Hälfte Ihres Lebens. In den ersten Jahren schlafen Sie viel. Dann wird es weniger, viel weniger. Hier aber unterstützt Sie diese Matratze, den Schlaf, den Sie in den Jahren der Kurzschlafperiode nur benötigen, so ruhig, tief und intensiv wie möglich zu erleben. Später schlafen Sie sowieso wieder viel. Wenn man also die Matratze als einen Lebenszyklus, an den man unweigerlich gebunden ist, betrachtet, ist der Preis relativ. Denn was ist Geld, wenn es ums Leben geht? Entspanntes Leben, wo Sie abschalten können, wo Sie Ruhe finden. Diese Matratze saugt Sie an, und Sie liegen im Einklang mit Ihrem Körper und der Seele. Unruhiger Schlaf, fünfmal wenden in der Nacht ist passé, denn sie passt sich ergonomisch

Ihrem Körper an. Wenn ich Ihnen das noch kurz zeigen darf. Legen Sie sich bitte noch einmal gerade hin.«
Und schon lag ich wieder auf der Matratze.
»Herr Eberswald, was ich Sie fragen wollte, …«
Herr Eberswald ließ sich nicht aus der Ruhe bringen und schnitt mir das Wort ab.
»Jetzt müssen Sie mal loslassen, Frau Uhlig, und genießen. Schauen Sie hier: Hier sinkt Ihr Körper ein. Genau da, wo Ihr Schwerpunkt liegt, passt er sich Ihrer Anatomie an. Und, wie ist es?«
»Herrlich, Herr Eberswald!«
»Und Sie, junge Dame«, und damit zeigte er auf Kita, »kommen Sie doch mal kurz hinzu!«
Kita trat vor.
»Spüren Sie hier! Da, wo Ihre Freundin Ihren Schwerpunkt hat? Wie sie von unten, von den einzelnen Federn, die, wie gesagt, einzeln verpackt sind, punktuell gehalten wird. Die Federn geben nur da nach, wo es für den Körper von Frau Uhlig erforderlich ist. Nicht wie beim herkömmlichen Federkern, wo jede einzelne Feder die andere festhält und mit in den Abgrund zieht. Dadurch kommt der Körper nämlich ins Rutschen, die Schwerkraft zieht ihn in die Mitte, und wir fühlen uns, als würden wir durch die Matratze durchbrechen. Die Feder kann uns nicht mehr auffangen und bohrt sich von unten in unseren Leib. Aber hier, fühlen Sie! Fühlen Sie es?«
Nun spürte ich wieder Kitas Hände, die versuchten, meinen Steiß aufzufangen.
»So, und jetzt schauen Sie, Frau Uhlig! Hier hab ich einen Korb voll einzelner Federn als Anschauungsmaterial. Und hier«, damit zeigte er auf einen Matratzen-Dummie, der über uns hing, »sehen Sie, wie die einzelnen Federn

bei der Tedestra-Exquisite-Premium*-Pre2 zusammengesetzt sind. Sie sind alle einzeln eingepackt und liegen doch nebeneinander. Ich darf Ihnen eine eingepackte Feder zum Fühlen in die Hand geben?« Wie von Zauberhand hatte er plötzlich eine der besagten eingepackten Einzelfedern in der Hand. »Fühlen Sie das weiche Material, das die einzelne Feder umgibt und sie umschließt wie eine Haut, Frau Uhlig!«

»Haut?«, fragte Kita.

»Werte junge Dame«, wandte er sich wieder Kita zu. »Haut kommt dem schon sehr nahe, weil das Material dehnbar und atmungsaktiv ist, denn es stammt aus einem neuartigen und bis dato einzigartigen Baumwoll-Seide-Aloe-vera-Gemisch, das durch ein neuartiges Verfahren mit reinem Sauerstoff angereichert und in der Nacht in kleinen wohldosierten Mengen abgegeben wird.« Er legte auch Kita eine eingepackte Feder in die Hand. »Fühlen Sie selbst. Das Neuartige dabei ist, dass die Feder sich im Ruhezustand, also ohne Belastung, wieder aufrichtet, und dabei füllen sich die Hohlraumkammern dieses einzigartigen Materials mit Sauerstoff, der in der Nacht gefiltert zu Ihrem Körper durchdringt. Sehen Sie, hier auf dem Dummie ist es sehr gut zu sehen: Man hat auch über die gesamten einzelnen Taschen eine neuartige rosshaardurchzogene Filterkonstruktion gelegt und darüber erst die Membrane angebracht, welche sogar die Körpertemperatur regulieren. Darüber noch einmal eine Schicht iranische Teerose, dann eine dünne Schicht Kautschuk, Koalawolle, gemischt mit Eukalyptusblättern, und nun die getränkte Baumwolle, nochmals mit Aloe vera angereichert. Die Winterseite wird Sie erst recht begeistern. Hier verspricht der Hersteller, nur Wolle des einzigartigen Hochlandweideschafes aus Neuseeland zu verarbeiten, welches durch die Bergluft ein derart dichtes Fell bekommt, das trotz der Dichte temperaturausgleichend wirkt und extrem viel Sauerstoff speichern kann. Aber noch mal zurück. Das, was den Taschenfederkern wirklich ausmacht, ist natürlich ganz klar die Feder. Und hier kommt jetzt noch einmal eine Weltneuheit. Das Material der Feder stammt aus der Raumfahrttechnologie und rostet nicht. Aber viel wichtiger: Es strahlt nicht ab, und auch gewichtsmäßig kommt kein anderes Material an dieses heran: im wahrsten Sinne so leicht wie eine Feder!«

Herr Eberswald zwinkerte uns zu.

»Nein, die Damen, Scherz beiseite, es ist wirklich sehr leicht. Auch das Unterbett ist mit dieser Feder bestückt, so atmen quasi verschiedene Federn punktuell für Ihren Körper. Darf ich nun den Lieferschein schreiben?«

»Natürlich. Kita, oder? Und Sie sagen, es ist wirklich kein Problem, sie in einem Sondermaß zu bekommen, Herr Eberswald? Ich hab nämlich eine Dachschräge in meiner neuen Wohnung. Und da möchte ich das Bett passgenau hineinstellen, so dass man links und rechts nicht runterfällt und auch noch Kissen hinzulegen kann. Ich möchte einmal in meinem Leben ein Prinzessinnenbett haben.«

»Aber du hast doch gerade in der alten Wohnung ein Prinzessinnenbett, warum nimmst du das bei dem Umzug nicht mit?«

»Weil das Prinzessinnenbett ein Bettpodest ist, das passgenau in mein WG-Zimmer eingebaut wurde, Kita. Und dann habe ich einfach die alte Matratze da reingelegt, weil ich kein Geld hatte, mir eine gute neue zu kaufen.

Weißt du, die Matratze, die ich auch schon mit dem Luxe hatte und nicht nur mit dem Luxe. Ach Gott, mit der bin ich von zu Hause ausgezogen.«

»Ach Gott, von da kommt die noch, so alt ist die schon!«, entfuhr es Kita.

Ich wandte mich zu Herrn Eberswald: »Ganz abgesehen von der alten Matratze ist das Bett wunderschön. Ich hab überhaupt einen Hang zu schönen Betten, denn auch ich habe schon früh erkannt, dass ich darin sehr viel Zeit verbringe. Das Prinzessinnenbett ist ein ein Meter hohes Podest, das links und rechts an die Wand anschließt, und natürlich ist es auch hinter dem Kopfteil zum Fenster hin geschlossen, es schließt genau mit der Fensterbank ab. An der Fußseite ist eine Treppe angebaut, also zwei Stufen. Das Geniale daran ist, Herr Eberswald, dass man die Treppenklappen öffnen kann. Ich bin ja manchmal ein Schlaufuchs«, verschmitzt zwinkerte ich Herrn Eberswald zu, »und warum … um dort das Gästebettzeug zu verstauen. Das eigentliche Problem ist aber, Herr Eberswald, die alte Matratze ist nur eine 1,40-Meter-Matratze, denn das Podest hat nur einen Ausschnitt von 1,40 Meter. Ganz abgesehen davon, dass man beim Prinzessinnenbett eh alle Seiten ändern müsste, wäre auch der Ausschnitt in der Mitte viel zu klein, weil ich jetzt ja endlich eine größere Matratze haben möchte. 1,40 ist einfach zu schmal.«

Kita schaltete sich ein: »Lustig, Uhlig, das merkt man gar nicht, wenn man auf deinem Bett liegt.«

»Ja, Kita, weil ich um die Matratze herum passgenau Schaumstoff zuschneiden ließ, dieser wurde mit Stoff bezogen, das Ganze wurde dann noch mit Kissen dekoriert, deshalb hast du nicht gemerkt, dass die Matratze eigentlich nur 1,40 Meter ist, weil du nicht gemerkt hast, dass der Rand aus Schaumstoff besteht. Für dich war es ein 2,50-Meter-mal-2,50-Meter-Bett. Aber, Herr Eberswald, um die Geschichte zu Ende zu bringen, warum es ein Prinzessinnenbett ist: Der Clou des Bettes ist ein Baldachin, der mit Rosenlichterketten berankt ist, und rings um das Bett verteilt liegen flauschige Kissen mit Rosenbezügen. So, und hier schließt sich nun der Kreis zu der von Ihnen empfohlenen Matratze, denn das Tüpfelchen auf dem i ist die Teerosenschicht vor der Koalawolle mit Eukalyptusblättern. Bei der Rose schließt sich der Kreis. Hat ja wieder was von Dornröschen, und schon bin ich wieder Prinzessin.«

Schweigen.

»Wegen der Dornen und der Rose sind Sie wieder Dornröschen, Frau Uhlig?«

»Richtig, Herr Eberswald!«

Schweigen.

Schweigen.

»Aber, was ich eigentlich noch fragen wollte: Wie ist das mit diesen wiederauffüllbaren Sauerstoffdepots? Ich muss ja vielleicht untertags auch mal ruhen. Geht das oder brauchen die Pausen zum Wiederauftanken?«

»Nein, um Gottes willen, Frau Uhlig. Die Matratze ist natürlich so konzipiert, dass allein eine Entlastungsbewegung reicht, die Taschenfeder in der Sekunde wieder mit frischem Sauerstoff anzureichern.«

Ich war begeistert. Ich wusste, dass es richtig war, in ein Bettengeschäft zu gehen.

»Bleibt die letzte Frage: Entschuldigen Sie, Herr Eberswald, ich müsste nur – ohne zu aufdringlich zu erscheinen – den Preis wissen. Nur so fürs Gefühl.«

Frau Uhlig bleibt die Spucke weg

Mir stockte der Atem. So viel Geld für eine Matratze? Hilfe suchend blickte ich zu Kita. Ich wusste, nur ihr klarer Kopf würde mich jetzt retten können und mir die Entscheidung erleichtern. Kita schaute mich an. Ihr ruhiger Blick ruhte auf dem meinen. Und doch wusste ich, dass ihr Gehirn unter Hochdruck arbeitete. In Zeitlupe fing sie ganz langsam an, mir zuzunicken. Da war sie, die Bestätigung, die ich gebraucht hatte. Die Entscheidung war gefallen. Ich wandte mich zu Herrn Eberswald.

»Herr Eberswald. Noch nie in meinem Leben ist mir in den Sinn gekommen, so viel Geld für eine Matratze auszugeben, geschweige denn für eine Matratze plus Untermatratze und vier Schraubfüßen. Aber nicht nur durch die Nacht bei besagtem Freund, durch den ich auf die Tedestra-Exquisite-Premium*-Pre2 gestoßen bin, habe ich den Heiland gesehen. Durch Sie und Ihr fundiertes Wissen ist die Entscheidung klar und unumstößlich. Wenn Dornröschen erweckt werden will, führt kein Weg an der Tedestra-Exquisite-Premium*-Pre2 vorbei: Ich nehme sie also, auch wenn ich in meinem Leben – Sie entschuldigen bitte – noch nie daran dachte, so viel Geld für eine Matratze auszugeben.«

»Wunderbar, Frau Uhlig, eine weise Entscheidung. Ich rechne den Betrag noch kurz in Ihrer gewünschten Größe und mache den Kaufvertrag fertig.«

»Wie Größe, was Betrag?«

»Na, den Kaufpreis Ihrer gewünschten Matratze.«
»Aber den haben Sie uns doch gerade genannt.«
»Was habe ich Ihnen genannt?«
»Den Preis der Matratze!«
»Gute Frau, das ist der Preis für die Matratze, auf der Sie hier Probe gelegen haben – also auf der 90 Zentimeter mal 2 Meter, ohne Unterbau, versteht sich. Aber den anderen Preis haben wir auch gleich. Ich müsste nur kurz an meinen Computer.«
Kita fand als Erste Ihre Stimme wieder: »Herr Eberswald, es wäre ganz reizend, wenn Sie uns nun endlich den genauen Preis mit allem Zip und Zap nennen könnten. Und vergessen Sie die Füße nicht!«
Herr Eberswald zog von dannen.
»Sag mal, Kita, spinnt der? Was mach ich denn jetzt? Oh Gott, ich hab mich doch in dieses Bett verliebt!«
Mir schwante Böses. Herr Eberswald war schon wieder auf dem Weg zu uns. Das schien ja nun doch schnell zu gehen mit dem Preis.
»So, die Damen. Ich hab jetzt alles aufgelistet. Wenn wir es noch einmal kurz durchgehen wollen: Also die Tedestra-Exquisite-Premium*-Pre2 mit dem Sondermaß 1,70 Meter auf 2,10 Meter sowie der Premium-Line-Unterbau – auch im Sondermaß und mit Leinen-beige-Bezug, dazu die weiß lackierten Füße mit Alusockelabschluss in 15 cm Höhe – viermal, plus ein Stützfuß für die Mitte aufgrund der Matratzengröße. Rückenteil habe ich jetzt nicht mit einberechnet, Sie wollten ja keines, Sie wollten das Bett ja so an die Wand stellen. Aber Sie können jederzeit ein Rückenteil nachfordern. Das macht es natürlich in der Anschaffung jetzt weitaus günstiger. Wenn Sie dann also hier unterschreiben möchten.«

Herr Eberswald hielt mir Kaufvertrag plus Lieferschein unter die Nase.

Stille.

»Ach, Entschuldigung, Frau Uhlig, was natürlich noch nicht drauf ist, habe ich jetzt in der Hektik vergessen: die Abholung der alten Matratze plus die Lieferkosten der neuen.«

»Lieferung?«

»Entschuldigung, Sie haben natürlich vollkommen recht, ich bin auch schon ganz verwirrt. Die Lieferung ist ja diese Woche frei, nur die Abholung der alten Matratze muss berechnet werden. Das verstehen Sie doch, oder?«

»Sicher.«

»Wunderbar, dann darf ich Ihnen das Ganze jetzt so in die Hand geben, damit bitte zur Hauptkasse in den ersten Stock zum Bezahlen, danach kommen Sie wieder zu mir, damit wir den Liefertermin vereinbaren, den kann man erst ausmachen, wenn bezahlt wurde.«

»Sicher.«

»Entschuldigung«, eine Kollegin von Herr Eberswald drängte sich zwischen uns, »Edgar, dauert es noch lange hier? Die Herrschaften da ganz hinten warten schon die ganze Zeit auf eine Beratung bei der Super-Flex-Lex. Ich hatte bis eben einen Kunden und muss jetzt in die Pause gehen. Sie waren doch hier fertig, oder?«

»Sicher.« Ich war nicht fähig, etwas anderes zu antworten, der Preis hatte mir die Sprache verschlagen. Kita spürte das, packte mich am Arm und wandte sich zu Herrn Eberswald: »Vielen Dank, Herr Eberswald, für die nette und kompetente Beratung, wir möchten Sie jetzt nicht länger aufhalten. Nur noch eins: Hat Ihr Name irgendetwas mit Eberswalde zu tun?«

»Nein. Wir kommen aus Staubnitz an der Lahm.«

»Aha, hätte ja sein können. Gut, wie dem auch sei, Herr Eberswald«, antwortete Kita. »Wir drehen eine Runde um den Block und denken noch mal kurz darüber nach, ob meine Freundin sich jetzt die Matratze kauft oder doch lieber ein Auto.«

Wahnsinn, über den Preis kam ich gar nicht hinweg. Wie in einer Dauerschleife, wie ein Banner bei einem Fußballspiel mit Werbeankündigung tanzte diese unfassbare Summe durch meinen Kopf. Ich werde den jetzt nicht in DM umrechnen, dachte ich. Kita hatte recht, am besten erst mal um den Block .... Was hatte er gesagt? Wie lange Garantie?

»Kita, wie lange Garantie? Wie lange hatte er Garantie gesagt?« Hilflos schaute ich Kita an.

»Du meinst Herrn Eberswald aus der Lahm am Wo? Wurscht.« Kita brach vor Lachen in Tränen aus. »Frau Uhlig, es ist auf jeden Fall immer wieder bereichernd, mit Ihnen einkaufen zu gehen.«

»Nee, aber jetzt mal im Ernst, Kita, das geht ja nicht. Schluss! Aus! Kommt halt kein Prinz, schlaf ich halt auf der Isomatte.«

»Oder du schläfst bei mir.«

»Genau, ich schlaf bei dir. Aber vorher ruf ich das Spatzerl an und frag, ob's noch geht ...« Spatzerl war der besagte Freund, auf dessen Matratze ich durch die Sonne hindurch den Heiland gesehen hatte.

»Spatzerl? Hör mal, ich bin jetzt in diesem Bettenladen, den du mir genannt hast ... Ja genau ... Wegen der Tedestra ... Ja in diesem, diesem ... warte mal, wie hieß die Straße noch? ... Nee, so hieß die nicht ... Wie? ... Was? ... Verstehe, dachte ich's mir doch, dass das mit dem Wahn-

sinnspreis nicht stimmen kann … Wie viel? Vergiss es, Spatzerl, die spinnen hier, ich melde mich später. Bussi.«
Ich legte auf und starrte Kita an, die mich abwartend anschaute: »Kita, wir waren im falschen Laden.«
»Was?«
»Ja genau. Taxi!!«
Ich winkte einem herannahenden Taxi.
»Wir haben noch zwei Stunden, das müsste zu schaffen sein.«

Frau Uhlig schlägt zu

Es war zu schaffen. Dieser Laden war eine Offenbarung und spezialisiert auf die Tedestra, und das schon in dritter Generation. Ein Fachgeschäft mit geschultem Fachpersonal. Hier gab es ein Auslaufmodell, die Tedestra-Exquisite-Premium*-Pre1 – die hatte mein Bekannter. Sie war die Vorgängerin der Tedestra-Exquisite-Premium*-Pre2, so der Verkäufer. »Meine Damen, sie ist eigentlich baugleich. Bei ihr wurde die Teerose zum ersten Mal eingeführt, einziger Unterschied ist die Herkunft der Rose – nicht wie bei der neuen Tedestra-Exquisite-Premium*-Pre2 aus dem Iran, sondern aus Marokko, und unter uns drei Betschwestern – Marokko ist sowieso besser. Bei der Winterseite gibt es auch eine kleine Abweichung: Die Wolle der Winterseite stammt von Hochlandweideschafen aus Deutschland und nicht wie bei der neuen Pre2 aus Neuseeland. Sie hat aufgrund der niedrigen Berge nicht ganz so hohe Sauerstoffspeicherdepots, auch ist das Fell nicht von so einer hohen Dichte. Aber mal ganz ehrlich«, so der Verkäufer, »für unsere deutschen Wetterbedingungen reicht die Pre1 nicht nur aus, sie ist sogar viel besser für den Winterschlafkomfort geeignet als die Pre2.«

Er erklärte uns weiter, mit der Pre2 hätte ich gar keine Freude gehabt, da die Winterseite fast nie zum Einsatz gekommen wäre, denn sie ist für unsere deutschen Gefilde viel zu warm. Ein Wahnsinn, dass das andere Geschäft mir die Pre2 überhaupt verkauft hätte, wissend, dass ich

sie in Deutschland beschlafen würde. Aber manche seien halt nur auf Profit aus und nicht dem Kunden zugewandt. Abgesehen von der Rose und dem Schaf, das ja nun angesichts der hohen Schiffskosten ohnehin vollkommener Quatsch war, war mir auch die Herkunft aus Deutschland viel sympathischer: zurück zur Natur, die Region unterstützen und an die Umwelt denken. Ansonsten unterschied sich die Tedestra-Exquisite-Premium*-Pre1 nicht von der Tedestra-Exquisite-Premium*-Pre2. Das Gute war, dass sich nach Abzug der Schiffskosten für die Neuseelandwolle der Preis der Pre1 drastisch reduzierte. Ein Wahnsinnstipp vom Spatzerl, und ein richtiges Schnäppchen tat sich hier auf. Gottlob weiß ich, wann ich zuschnappen muss, das spüre ich innerlich. Hier war so ein Moment: quasi die Hälfte vom Preis der Pre2, also fast geschenkt … Hurra, hurra, hurra, mein neues Bett war da.
»So, Kita, und jetzt haben wir uns eine schöne Currywurst-Pommes-Mayo verdient!«
Ohne Kita hätte ich das nie geschafft.
Dass ich später nach der Wurst beim KDW horrendes Geld ließ, war ja nicht zu vermeiden. Denn so ein neues Prinzessinnenbett brauchte ja auch die entsprechende Erstausstattung: Für ein Singlemädchen, dessen Märchen wahr werden sollte, konnte es nur Laura Ashley sein. Streublümchenmuster, die an blühende im Wind wogende Kornfeldraine erinnern, und wilde Kletterrosenmuster, in denen man die tosende Brandung an den rauen Klippen spüren kann, dort, wo der Prinz mit zerzaustem, klatschnassem Haar kraftvoll sein Surfbrett Richtung Glückseligkeit steuert. Laura Ashley ist vermutlich der Generalausstatter für alle Pilcher-Verfilmungen in und um Cornwall herum.

Neue Plumeaus und Kissen mussten auch her, Sommer- wie Winterausstattung. (Sollte man ja eh alle zehn Jahre austauschen.) Das alles in zweifacher Ausführung für mich und den möglichen Prinzen, der da auf mich zusteuerte. Ob er, nachdem ich dann wachgeküsst aus meinem Rosenbett gestiegen war, noch ein weiteres Mal in diesem Traum von rosa Blütenmeer nächtigen mochte, blieb offen.

Es war geschafft, Dornröschen lag darnieder und schlief und schlief.

Und dann kam er – der Prinz. Vergessen war mein schönes Bett, Herr Karl hatte einen Futon ….

Und wie schon Tucholsky schrieb: »Und darum wird beim happy end im Film jewöhnlich abjeblendt.« …

Somit war nun wieder Zeit, mich an der Telekom zu erfreuen und vielleicht einer Lösung des Problems ›Fehlendes Internet‹ näherzukommen …

Frau Uhlig hat Verständigungsprobleme

Wir saßen im Auto und befanden uns auf dem Rückweg ins heimische Salzkammergut.

»Entschuldige, Liebe, wenn ich da jetzt nicht anrufe und das kläre, dann geht das später nicht mehr. Denn dann sind wir in Österreich, und da funktionieren die deutschen Hotline-Nummern nicht mehr. Nein, nein, nein, so ein Mist!« Ich schlug mit der Hand auf das Armaturenbrett. Schon wieder war der Empfang unterbrochen und ich aus der Hotline geflogen, nachdem ich gefühlt fünfzehn Minuten in der Warteschleife gehangen hatte. Warum musste bei Irschenberg immer der Empfang so schlecht sein?

Meine Freundin saß hinten und versuchte, die Maus zu beruhigen, was sich natürlich schwierig gestaltete, da ich mich mit meinen Emotionen nicht zurückhalten konnte. Unweigerlich kamen wir unserem Ziel, der österreichischen Grenze, näher, was einerseits gut war, aber wenn man dringend mit einer deutschen Hotline noch etwas zu klären hat, eben nicht. An dieser Stelle mache ich nicht das EU-Thema auf, sonst bekomme ich Schnappatmung und Herzrasen. Ich glaube, am schlimmsten muss es für Menschen sein, die hundert Meter von der Grenze entfernt wohnen und wissen, hundert Meter weiter ist alles anders als hier. Ein anderes Leben, eine andere Preisgestaltung, eine andere Sprache, einfach alles anders. Das würde ich nervlich gar nicht aushalten. Schrecklich, wenn ich mir das vorstelle. Hundert Meter. Da fällt mir ein

Lied ein, das man umdichten müsste: *In hundert Metern fängt ein neues Leben an, die Grenze ist schuld daran. Alles ist so anders, dass man es kaum verstehen kann.*
»Ich habe Sie leider nicht verstanden. Für Mobilnetz und Festnetz sagen oder drücken Sie bitte die Eins. Für Mobile Daten und Internet die Zwei, für Störung sagen oder drücken Sie bitte die Drei, für Fragen zu Ihrer Rechnung und Ihrem Vertrag die Vier, haben Sie Fragen zu Tarifen, die Fünf. Für alle anderen Fragen sagen oder drücken Sie bitte die Neun. Ich habe Sie nicht verstanden. … Für Mobilnetz und Festnetz …«
Oh nein! Während ich noch über die Grenze sinnierte, hatte ich mich schon wieder in die Hotline eingewählt. Natürlich konnte ich beim Fahren nicht Tasten drücken, deshalb musste ich die Sprachfunktion wählen.
»Neun.«
»Ich habe Sie nicht verstanden.«
»NEUN.«
»Ich habe Sie nicht verstanden.«
»NEUN.«
»Ich habe Sie nicht verstanden.«
»NEU-EUN.«
»Ich habe Sie nicht verstanden.«
Meine sonst so prägnante und klare Stimme, wie man immer sagt, war bei der Hotline der Telekom nicht gefragt.
»Neun!!«, brüllte ich, was unweigerlich das Schreien meines Kindes nach sich führte.
»Sch«, hörte ich meine Freundin beim Versuch, die Maus zu beruhigen. Na wunderbar, Uhlig, jetzt hast du es geschafft, dachte ich.
»Neun«, flüsterte ich ins Handy.
»Ich habe Sie nicht verstanden.«

Verzweifelt nahm ich kurz die rechte Hand vom Lenkrad, um blindlings nach dem Handy zu suchen, das in der Mittelkonsole lag. Die Augen weiterhin fest auf die Fahrbahn gerichtet, war das gar nicht so einfach.
»Sch«, hörte ich meine Freundin von hinten.
So, ich hatte das Handy. Umständlich, ohne dabei das Lenkrad zu verreißen oder meine Schulter, reichte ich das Handy über meinen Kopf hinweg nach hinten.
»Sch«, hörte ich meine Freundin in Dauerschleife.
»Liebe, bitte nimm schnell das Handy.«
»Ich habe Sie nicht verstanden. Für Mobilnetz und Festnetz sagen oder drücken Sie bitte …«
Ich dreh der Gurke gleich den Hals um, wenn sie noch einmal »Ich habe Sie nicht verstanden« sagt, dachte ich.
»Bitte, Liebe, nimmst du jetzt das Handy und drückst die Neun, bevor ich es aus dem Fenster schmeiße!«
»Ich habe Sie nicht verstanden.«
»Wah. GGRRRRRRRRRRRRRRR.«
»Sch«, machte meine Freundin jetzt zu mir gerichtet und schnappte sich das Handy. »Ich weiß nicht, ob ich dich richtig verstanden habe. Neun soll ich drücken, oder?«
»Ja bitte. Bitte drück doch jetzt die Neun.«
»Ich habe Sie nicht verstanden.«
»Ich sehe hier hinten nix.«
»Dann mach doch das Licht an.«
»Ich habe Sie nicht verstanden. Für Mobilnetz und Festnetz sagen oder drücken Sie bitte die Eins. Für Mobile Daten und Internet die Zwei, für Störung drücken …«
»Wo ist denn das Licht? Kannst du das nicht bei dir vorne anmachen, ich sehe hier ja nichts.«
»Für alle anderen Fragen sagen oder drücken Sie bitte die Neun.«

Umständlich suchte ich nun, weiterhin meinen Blick auf die Fahrbahn geheftet, mit der rechten Hand am Autohimmel nach dem Lichtschalter, während meine linke Hand mittlerweile völlig verkrampft das Lenkrad hielt. Da, da waren sie, die Knöpfe. Meine Hand hatte sie ertastet. Ich konnte ja wie gesagt meinen Blick nicht von der Fahrbahn nehmen, um das Leselicht anzumachen, und auswendig wusste ich auch nicht, welcher Knopf das Leselicht war. Also drückte ich alle. Es wurde taghell im Auto.

»Wäää …«

»Oh nein, oh nein!«

»Schsch, schsch, mach das aus. Sch, sch, mach das sofort aus. Sch, sch«

»Wäääää, wäääää …«

»Wie denn? Ich weiß doch nicht, welcher Knopf das ist!«, zischte ich aggressiv nach hinten.

»Für alle anderen Fragen sagen oder drücken Sie bitte die Neun.«

»Wäää, wää …«

»Uhlig, mach jetzt das verdammte Licht aus!! Schsch, schsch …«

Hastig tastete ich wieder blindlings am Autohimmel herum und schaltete alle Knöpfe aus, die ich finden konnte.

»Schsch, schsch, schsch, schsch …«, kam es weiterhin von der Rückbank. »Wieso bleibst du nicht einfach beim nächsten Rastplatz stehen und erledigst das Telefonat?«

»Weil ich nach Hause will! Die anderen Schratzen warten schon. Drück du doch jetzt einfach mal die Neun!«

»Nochmal, Uhlig, es ist stockdunkel hier hinten, ich sehe nichts, und das Handy ist schwarz.«

»Ich habe Sie nicht versta…«

Wenigstens hatte sich die Maus wieder beruhigt, was man von meinen Nerven nicht behaupten konnte. »Liebe«, versuchte ich, meiner Stimme noch halbwegs einen freundlichen Ton zu verleihen, »drück einfach seitlich an dem Handy, dann wird es wieder hell, dann siehst du wieder was.«

»Wo soll ich denn drücken?«

»Rechts.«

»Da ist nichts.«

»Doch, da ist was. Dreh es um, wahrscheinlich hältst du es verkehrt. Drück einfach drauf, drück einfach alle Seiten, einfach drauf, drück jetzt! Herrschaftszeiten, ich kann dir nicht helfen, ich muss fahren.«

»Für Mobilnetz und Festnetz sagen oder drücken Sie bitte die Eins. Für Mobile Daten und Internet die Zwei, für Störung…«

»Uhlig, beruhige dich, ich muss erst mal meine Brille finden.«

Manchmal verstehe ich, warum Menschen Amok laufen. Wir fuhren durch die Nacht, und ich hatte den unbändigen Drang, einfach Gas zu geben und gegen alle Autos zu fahren, um meiner Wut freien Lauf zu lassen. Mittlerweile war die Situation so verfahren, dass sie groteske Züge annahm, ich aber aus der Schleife nicht mehr herauskam. Wofür in Gottes Namen brauchte meine Freundin jetzt eine Brille, um den Anschaltknopf links oder rechts an meinem Handy zu finden? Dreimal tief durchatmen, und dann hatte ich mich wieder im Griff.

»Liebe, bitte, du brauchst doch jetzt die Brille nicht, um das Handy anzuschalten. Drück doch erst mal links oder rechts.«

»Uhlig, genau jetzt brauche ich die Brille, ich habe nämlich schon längst alles gedrückt und habe den Knopf gefunden, jetzt ist das Handy hell. Aber ich brauche die Brille nun, um den Code einzugeben, da es meine Face-ID nicht erkennt.«

»Ich habe Sie nicht verstanden. Da Sie keine Eingabe machen, werde ich Sie nun mit dem nächsten freien Mitarbeiter verbinden.«

Uns stockte beiden der Atem. Es knackte dreimal über die Freisprechanlage, und dann hörten wir eine sympathische, freundliche und geschulte Stimme: »Guten Abend, Deutsche Telekom, was kann ich für Sie tun?«

»Ja, Uhlig, schönen guten Abend.«

»Schönen guten Abend, Frau Uhlig.«

»Brauchen Sie erst mal meine Daten, damit Sie wissen, mit wem Sie sprechen und sich den ganzen Sachverhalt aufrufen können?«

»Sehr gern, Frau Uhlig. Geben Sie mir bitte doch Ihre Kundennummer.«

»Die habe ich jetzt leider nicht im Kopf. Kann ich Ihnen auch so meine Daten geben?«

»Ich höre Sie ganz schlecht, Frau Uhlig.«

»So besser?« Ich versuchte, meinen Mund gen Autohimmel nach links zu richten.

»Ich höre Sie ganz schlecht, Frau Uhlig.«

»Liebe«, zischte ich nach hinten, »bitte gib mir das Handy nach vorne.«

»Frau Uhlig, sind Sie noch dran?«, tönte es verzweifelt aus der Hotline.

»Ja, ja. Hören Sie, ich bin noch dran. Warten Sie, ich mache nur die Verbindung besser.« Umständlich bog ich wieder meinen rechten Arm nach hinten. Da war es, das Handy,

meine Freundin hielt es mir entgegen. Ich bekam es zu fassen und hielt es verbotenerweise kurz an mein Ohr.
»Hören Sie mich jetzt besser?«
»Ja, ganz wunderbar, Frau Uhlig.«
»Ich würde Sie kurz weglegen und versuchen, mein Headset anzuschließen, weil ich gerade Auto fahre. Können Sie kurz dranbleiben und warten?«
»Natürlich, Frau Uhlig.«
Umständlich reichte ich das Handy wieder zu meiner Freundin nach hinten. Das war alles gar nicht so einfach beim Autofahren.
»Liebe, nimmst du das bitte und steckst dann die Kopfhörer vom Beifahrersitz und reichst sie mir?«
Gut, dass ich meine Freundin dabeihatte und wir in Notsituationen Hand in Hand zusammenarbeiteten. Meine Freundin erledigte alles in Windeseile und reichte mir die Ohrstecker, das Handy behielt sie in der Hand, nach vorne gelehnt, damit das Kabel nicht an meinen Ohrstöpseln zog.
»So, da bin ich wieder. Hören Sie mich gut?«
»Wunderbar, Frau Uhlig. Vielleicht ein bisschen leise.«
»Liebe«, wisperte ich nach hinten, »könntest du bitte ein bisschen lauter stellen?«
»Wo denn?«
»Seitlich, Liebes, seitlich.« Ich konnte es nicht sehen, aber ich spürte, dass meine Freundin am Handy hantierte.
»Ist es jetzt besser?«, fragte ich ins Telefon.
»Hallo, hallo, sind Sie noch da?«
Tot, nichts war mehr. Es war tot.
»Ist es jetzt besser?«, fragte meine Freundin.
»Wunderbar, Schatz, es ist ganz wunderbar. Du hast das Handy nicht lauter geschaltet, du hast es ausgeschaltet.«

Frau Uhlig und das Familienbett

Zurück zu meinen Bettgeschichten: Nachdem der Prinz, Herr Karl, aufgetaucht war, war ich nicht nur in ihn ganz verliebt, sondern auch in seinen Futon. Vergessen war mein schönes Bett. Die Pre1 blieb vorerst in Berlin. In der Zwischenzeit schlief ich hervorragend auf Herrn Karls Futon auf Reismatten am Boden in Wien. Zurück zum Purismus, wo nichts als die Liebe uns trägt. Als ich dann zu ihm zog, waren wir schon längst ganz auf Futon eingestellt und ließen die Pre1 im Nebenzimmer versauern. Auch ihr maßgeschneidertes rosa Blütenkleid blieb in den Umzugskisten. Ohnehin war ich der Überzeugung, dass sie den Umzug von Deutschland nach Österreich nicht verkraftet hatte und die Sollbruchstellen der Federn teilweise gebrochen waren. Dies hatte zur Folge, dass man bei längerer Benutzung wenig erholsam schlief und entsprechend gerädert aufwachte.

Die Pre1 blieb aber als Gästematratze bei uns. Vielen Freunden, Verwandten, Bekannten, die unsere Wiener Wohnung zeitweilig besuchten, diente sie als Schlafstätte, und so erfüllte die Pre1 weiter ihre Daseinsberechtigung. Als wir die Wohnung in Wien schließlich aufgaben, um auf dem Land das Glück zu finden, trat sie wieder in Erscheinung. Zunächst erneut als unscheinbare Gästematratze, aber ihr größter Einsatz nahte: Ich war mit Prinzessin schwanger.

Erschien mir der Futon während der Schwangerschaft mit meinem Großen noch wie ein Ereignis, verzweifelte ich während meiner zweiten Schwangerschaft daran und zog ein Resümee. Bei einer möglichen dritten Schwangerschaft würde ich den Futon nicht überleben. Ich brauchte etwas Weiches, das mich einbettete und mich wieder punktuell abgestützt schweben ließ, denn schließlich hatte ich ja eine Prinzessin im Bauch. Und so kam es, dass die Pre1 in unser Schlafzimmer einzog. Da mittlerweile aber auch die beiden Buben das Schlafzimmer nicht verlassen wollten, blieb auch der Futon, und für Herrn Karl wurde noch die 90 Zentimeter große Gästematratze aus dem Heizungszimmer hinzugezogen, da die Pre1 uns beide wegen der gebrochenen Sollbruchstellen nicht mehr trug. Aber auch mit mir allein stieß die Pre1 an ihre Grenzen und schaffte nur mit Mühe und Not und letzter Kraft die dritte Schwangerschaft. Mit viel Wohlwollen gegenüber der Pre1 überstand ich mit ihr die Monate bis zur Niederkunft. Mittlerweile war die Matratze so durchgelegen und kaputt, dass nach der Geburt von Prinzessin, die neben mir im Bett schlief, Herr Karl in Panik geriet, denn Prinzessin rollte ständig zu mir in die Mitte. Verständlicherweise hatte Herr Karl große Angst und ernste Sorge, ich könnte mich nachts womöglich auf Prinzessin drehen. Überhaupt, fand Herr Karl, sähe unser Schlafzimmer grotesk aus. Es war ihm schon die längste Zeit ein Dorn im Auge.

Frau Uhlig verursacht Lagerkoller

»Nee, Uhlig, wirklich. Kann dieses Lagern endlich einmal aufhören?«

»Was meinst du mit ›Lagern‹?«

»Das weißt du ganz genau, Uhlig, und jetzt auch noch die Europaletten!«

Schweigen.

Ich hatte, um erst einmal eine preisgünstige Übergangslösung zu finden, unsere gesamte Schlafstätte auf Europaletten verfrachtet, damit ich höher liegen könnte, denn ich kam in der Schwangerschaft kaum noch vom Boden hoch. Praktisch war außerdem, dass die Europaletten luftdurchlässig waren und zumindest ein einheitliches Bild ergaben, das an ein Bett erinnerte. In mühsamen Rechenspielen hatte ich mit dem geduldigen Baumarktfachverkäufer eruiert, wie viele Europaletten man wie zusammenlegen musste, um eine Gesamtfläche von 4,40 Meter auf 2 Meter zu erhalten. Ja, 4 Meter 40 Bettenbreite. Das klingt verrückt, ist es aber in keinster Weise, denn wir brauchen alle unseren Platz und unsere Meter beim Schlafen, auch die Kinder, die zu und ins Bett kommen.

»Uhlig, ich meine unser Bettenlager! Ich mag nicht mehr auf verschiedenen Matratzen liegen und schon gar nicht auf Europaletten. Ich mag nicht, dass die Kinder zu uns ins Bett kommen. Ich … Können die Kinder nicht einfach in ihren Zimmern schlafen? Wofür überhaupt musste im Kinderzimmer dieses wahnsinnig teure Stockbett – in Bootoptik! – angefertigt werden?«

»Weil du gerne fischen gehst.«
Schweigen.
»Sag mal? … Nein, Uhlig, jetzt ist Schluss. Ab jetzt schlafen die Kinder in ihren Betten.«
»Das ist pädagogisch und für ihre Entwicklung total fatal. Lass sie doch bitte bei uns schlafen. Ich hab kein Problem damit, wenn die Kinder bei uns schlafen. Solange sie das brauchen … Wenn du sie jetzt aber aus dem Bett schmeißt, nur weil du auf Heimurlaub bist, dann … Außerdem haben sie Angst in ihren Betten.«
»Ja, Uhlig, aber wofür musste denn dann unbedingt das Bootbett sein?«
»Für den Tag.«
Schweigen.
»Ja, für den Tag! Sie nutzen es doch wunderbar am Tag.«
Schweigen.
»Schau, lass sie doch bitte einfach bei uns schlafen. Spätestens wenn sie eine Freundin haben, gehen sie sowieso rüber.«
»Uhlig, der Große ist sieben.«
»Eben, also ist es ja abzusehen.«
»Uhlig?!«
»Schau, Karl, ich finde, ›Lagern‹ ist der falsche Ausdruck. ›Lagern‹ wäre, wenn sie auf dem Boden auf Matratzen neben uns liegen und lagern würden. Da hast du recht, das finde ich auch ›Lagern‹, wie in so einer Kommune, pfui. Ganz nach dem Motto: Manche auf dem Boden, andere auf der Palette, manche im Bette, andere auf der Futon-Palette. So wie das bei uns zu Anfang war. Das hab ich doch auch gesehen, dass das nicht schön ist. Also hab ich mich bemüht, das Ganze optisch und seelisch einfach besser zu gestalten. Und ich sage es gerne noch

einmal: Es sah hier wirklich aus wie in einer Kommune, und das war kurzfristig dann wirklich ›Lagern‹, da hast du vollkommen recht. Überhaupt hast du meistens recht.«

»Uhlig?!«

»Nein, Karl, nein, niemand will lagern, ich am allerwenigsten. Aus dem Alter vom Lagern bin ich auch längst raus. Deshalb versuche ich ja die ganze Zeit, konstruktiv die Betten vom Boden wegzukriegen. Immerhin bemühe ich mich, eine adäquate Lösung zu finden, die uns beide befriedigt. Aber wie soll das ein einheitliches Bild abgeben, wenn wir drei unterschiedliche Matratzen nebeneinanderlegen, die auch noch in Höhe und Größe variieren? Du musst wirklich anerkennen, dass ich mich bemüht habe, Abhilfe zu schaffen und die glorreiche und günstige Übergangslösung mit den Europaletten gefunden habe, solange ich schwanger war und nicht die Kraft hatte, mich anderweitig darum zu kümmern.«

»Uhlig?!«

»Ja, Karl, aber jetzt, und da hast du vollkommen recht, müssen wir etwas ändern. Die Pre1 und der Futon waren eigentlich beide abwechselnd schon Gästematratzen, und das alte 90-Zentimeter-Ding sollte längst wieder den Rückzug ins Heizungszimmer antreten. Gut, dass wir darüber sprechen: Ich hab schon die längste Zeit nach einer sinnvollen Lösung gesucht und unsere Schlafsituation mehrfach überdacht und wirklich alle Möglichkeiten durchgespielt. Ich mache mir die Entscheidung nicht leicht, denn das Ergebnis soll ja auch dir gefallen, und du möchtest ja gerne so etwas Einheitliches, Klares, Strukturiertes, Einfaches. Und deshalb bin ich zu dem Schluss gekommen, dass es sinnvoll wäre, bevor wir ein

circa 4 Meter breites Bett maßanfertigen lassen und die Bezüge alle eine Sonderanfertigung hätten, einfach zwei Boxspringbetten nebeneinanderzustellen, sodass sie eine Einheit ergeben. Das sieht dann auch aus wie ein großes Bett. Die Ritze kann man ja vielleicht so ein bisschen vertuschen. Bei 2 Meter auf 2 Meter sind es meistens auch zwei Matratzen, da hat man also auch eine Ritze. Selbst bei 1,80 Meter und sogar bei einem 1,60-Meter-Bett kann man schon eine Ritze haben, denn die werden teilweise auch mit zwei einzelnen Matratzen angeboten, damit jeder seinen Liegekomfort bekommt. Und so dachte ich, Schlaufuchs, der ich bin: zwei Betten, aber quasi als ein Bett. Ist das nicht super? Hätte von mir sein können …, ist auch von mir. Somit wäre dieses schlimme Provisorium endlich Geschichte, und wir können uns unseren Traum vom Einheitsbett erfüllen, nur eben ein bisschen größer. Was sagst du?«
»Zwei Betten?!«
Wie klug mein Gescheitfix doch war, er traf genau in die Wunde.
»Du hast den Nagel auf den Kopf getroffen. Ich glaube auch, dass drei Betten besser wären.«

Frau Uhlig will es richtig nett

Herr Karl schnappte nach Luft: »Drei??«

»Ja, denn bei drei könnte der Unterbau jeweils aus einem Stück bestehen, also aus einem Teil pro Bett, nicht aus zwei. Somit hat man nur drei Teile bei drei Betten. Das geht bis zu einer Matratzengröße von 1,40 Meter. Darüber, also ab 1,40 Meter, bestehen die Unterbauten beim Boxspringbett immer aus zwei Teilen. Somit hätte man dann sechs Unterteile nebeneinander. Optisch ist das nix. Und es wird dann auch zu groß. Weil dann müsste man ja drei Betten in 1,60 Meter Breite nehmen, da käme man auf eine Gesamtbreite von 4,80 Metern. So viel Platz haben wir im Schlafzimmer gar nicht. Bei den 1,40-Meter-Betten kämen wir insgesamt auf 4,20 Meter. Ich finde, das ist ein guter Kompromiss. Ist zwar 20 Zentimeter kleiner als bisher, aber das kriegen wir schon hin, wenn wir uns ein bisschen einschränken und zusammenrücken, ohne dass wir aufeinanderliegen müssen. Und wir hätten bei 1,40 Meter pro Bett auch das Glück, dass die Matratzen aus einem Guss sein können. Das macht einfach ein ganz anderes und viel ruhigeres Bild im Zimmer. Wir haben dann einfach nur drei Betten und auch nur zwei Ritzen, die kann man gut kaschieren. Als Tagesdecken kaufe ich zwei in 2,40 Meter auf 2,20 Meter und nähe sie zusammen. Somit hängt dann nicht so viel über. Was sagst du?«

Schweigen.

»Ich denke, das ist der vernünftigste Weg, das Schlafzimmer nicht länger zum Problemfeld zu machen und wieder Ruhe, Frieden und Schlaf einkehren zu lassen. Jeder hat auf seiner Matratze mindestens 70 Zentimeter Platz, bevor eine Ritze oder ein anderes Familienmitglied kommt. Beziehungsweise wir Erwachsenen haben natürlich mehr Platz, weil wir ja insgesamt nur zu fünft sind. Ich würde ein Bett nehmen und du eins, Prinzessin legen wir in die Mitte, und die Jungs teilen sich eines. Später, sollten die Jungs mal ein eigenes Bett …«

»Uhlig, sie haben ein eigenes Bett!«

Schweigen.

»Das Bootbett!«

»Jetzt lass mich doch mal aussprechen, Karl. Sollten sie also später ein eigenes Bett haben wollen …«

»Uhlig, die Buben haben ein eigenes Bett!«

»Ja, aber doch nur ein Tagbett!« Ich wurde lauter. »Pass doch mal auf, Karl! Das ist genial durchdacht von mir: Jeder von ihnen nimmt später eines von den 1,40-Meter-Betten mit, das dritte stellen wir ins Gästezimmer, wo jetzt vorübergehend der Futon reinkommt, die völlig durchgelegene Pre1 schmeißen wir weg, und später wird der Futon ersetzt durch eins der Betten. Dann hat auch das Gästezimmer ein neues Bett.

»Welches neue Bett hat das Gästezimmer? Uhlig, wir kaufen doch nicht vier neue Betten!«

»Nein, natürlich nicht. Das Gästezimmer kriegt das dritte Bett von uns! Hab ich doch grade gesagt! Aber nur, wenn wir uns für die Drei-Bett-Variante entscheiden. Aber jetzt schmeiß in deinem Kopf erst mal die Pre1 weg, die hat doch mit den neuen Betten gar nichts zu tun. Schritt für Schritt. Ich habe auch schon mit der Lightning gesprochen, die kennt wen, der jemand kennt, und der kennt wen, der sie, also die Matratze, nicht die Lightning natürlich, haha, abholt. Die Pre1 krieg ich gar nicht ins Auto rein, also die Matratze schon, aber nicht den Unterbau. Das ist ja ein massives Teil. Hast du dir das schon mal angeschaut? Wir kriegen das gar nicht die Treppe runter. Dieses nachträglich eingebaute Geländer macht es unmöglich, mit diesem Unterbau von 1,70 Meter mal 2,10 Meter ums Eck zu kommen. Aber die Lightning meinte, wenn man den Unterbau vom Balkon schmeißen würde …«

»Was willst du schmeißen, Uhlig? Ich komm nicht mehr mit.«

»Okay. Pass auf! Noch mal langsam: Den Unterbau der Pre1 bekommen wir nicht die Treppe runter, da der Radius durch das von dir nachträglich angebrachte maßgeschneiderte Schreinergeländer eingeschränkt ist. Somit bleibt einzig der Weg über den Balkon in den Garten deiner Mutter. Wir müssen ihn schmeißen, weil auch die Wendeltreppe vom Balkon in den Garten vom Radius nicht ausreicht, den Unterbau schonend und in einem Stück in den Wagen des Bekannten vom Bekannten vom Kontakt vom Bekannten der Lightning zu bugsieren. Aber darum ging es gerade gar nicht. Es ging wirklich um was ganz anderes. Ich verliere schon völlig den Faden. Karl, du machst mich ganz wuschig, weil du mich nicht aussprechen lässt. Also noch einmal: Später dann, nachdem wir die drei Betten, die wir uns jetzt kaufen und die wir schmal halten müssen, also vom Preis her, meine ich – nicht so wie damals bei meiner Pre1, wo der Preis völlig aus dem Ruder lief –, wenn der Große und der Kleine also nicht mehr zu uns ins Bett kommen, dann können wir sie, also die Betten, auf die zwei

Kinderzimmer und das Gästezimmer verteilen. Wir verteilen …«

»Wer wird verteilt? Und wieso zwei, wir haben doch drei Kinder?«

»Ja, aber Prinzessin braucht doch zu dem möglichen Zeitpunkt der Bettenübernahme der Buben noch kein Boxspringbett, und im Gästezimmer ist zu diesem Zeitpunkt wahrscheinlich schon längst Not am Mann, so lange hält der Futon nicht mehr durch. Prinzessin kann dann das Bootbett als Tagbett haben, und für die Nacht überlegen wir uns etwas Neues, wenn der Zeitpunkt für ihr eigenes Bett gekommen ist. Ich kann mir jetzt nicht über alles Gedanken machen. Aber wichtig ist noch, wenn dann die drei Betten verteilt sind, haben wir endlich den Platz und die Muße, unser Bett zu kaufen, also ein Bett nur für uns.«

»Also doch vier Betten oder was, Uhlig?«

»Nein. Ja. Nein. Klar, wenn du es so sehen willst: langfristig schon. Aber kurzfristig sind es jetzt nur drei. Ich weiß doch auch nicht, was in fünf Jahren ist oder wie viele Betten wir in unserem weiteren Leben noch brauchen. Ich möchte auch nicht immer so im Voraus planen. Lass uns doch mal schauen, was die Zukunft bringt. Wir sollten uns jetzt erst einmal um die drei Betten kümmern. Schau mal, ich habe da verschiedene Kataloge besorgt. Aber ich glaube, wir werden beim Preis-Leistungs-Verhältnis um unseren schwedischen Lieblingsmöbelhersteller nicht herumkommen. Am besten wäre, wir fahren einfach mal hin und liegen Probe. Denn mir ist das sehr wichtig, dass du die Matratzen mit Probe liegst.«

»Bitte, Uhlig, sei mir nicht böse. Ich muss jetzt kurz mal raus. Ich muss mit Klaus telefonieren.«

»Aber wir besprechen doch gerade unser Bett!«
»Nein, Uhlig, du sprichst, und ich höre zu.«
Schweigen.
»Schau, ich mag mich jetzt nicht streiten. Lass mich kurz mit Klaus sprechen, dann reden wir weiter.«
»Nein, Karl, das geht nicht. Du kannst das jetzt nicht einfach so abbrechen. Wir sind mitten in einer Diskussion und Entscheidungsfindung über die dramatische Lage in unserem Schlafzimmer. Ich schlafe nicht mehr gut, verstehst du? Ich habe wilde Träume.«
»So, Uhlig, Schluss jetzt. Ich gehe mit Klaus telefonieren. Drei Betten. Geht's eigentlich noch? Können wir nicht *ein* normales Bett haben? Und die Kinder haben bereits ihr Bett, die brauchen keins bei uns, das sie dann später mitnehmen können, denn wohin sollen sie es auch mitnehmen? Sie haben ja ein Bett – ein Bootbett – im Zimmer! Wieso muss ich überhaupt über so einen Quatsch diskutieren? Dafür ist mir meine Zeit zu schade.«
»Das ist kein Quatsch, Karl! Wir haben ein ernstes Problem! Schau doch, wie wir schlafen. Und die Hitzeentwicklung der Kinder. Die brauchen alle ihren Raum.«
»Sie haben ihren Raum …«
»Du willst es nicht verstehen, oder? Du willst das jetzt partout nicht verstehen!«
»Uhlig, ich telefoniere jetzt mit Klaus!«
»Dann tu das, Karl, und grüß ihn lieb!«

Frau Uhlig im Funkloch

Hurra, wir sind wieder bei der Telekom, und wir sind immer noch im Auto Richtung Salzkammergut.

»Verstehe, Frau Uhlig, verstehe. Dann würde ich Sie jetzt zu unserem Technikteam durchstellen.«

Genau in dem Moment passierten wir auf der Autobahn rechter Hand das Schild »Letzte Möglichkeit vor der Grenze, Ihre Vignette zu kaufen«. Oh, nein. Bis jetzt lief es doch fantastisch. Das erste Mal. Seit heute Morgen. Heute Morgen, das kam mir wie eine gefühlte Ewigkeit vor.

Heute Morgen waren meine Freundin und ich mit der Maus ins Auto gestiegen, um von den österreichischen Bergen in die neue Wohnung in der deutschen Stadt zu fahren, und das alles nur, weil der Telekom-Techniker heute zwischen 9 und 15 Uhr auftauchen sollte, um die Leitung für Internet und Festnetz freizuschalten. Ein Wahnsinnsaufwand, deshalb hatte ich auch im Vorfeld eine Möglichkeit gesucht, diesen Termin zu umgehen, also nicht extra hinfahren zu müssen. Aber nein, man musste vor Ort sein.

Dann hatte ich versucht, einer anderen Freundin, die in der Nähe der neuen Wohnung lebte, den Technikertermin aufs Auge zu drücken. Hätte sie auch gemacht, nicht gerne, aber hätte sie. Denn wer will schon gerne in einer leeren Wohnung sechs Stunden lang auf dem Fußboden auf den Techniker warten? Hätte sie trotzdem gemacht. Aber dann kam ihr Mann ins Spiel. Und wer kann damit rechnen, dass er sie mit einem Kurztrip für ein verlängertes Wochenende überrascht? Und wohin? In die österreichischen Berge! Ironie des Schicksals.

Tja, und somit blieb keine andere Wahl, als die Maus zu schnappen und die hiesige Freundin zu bitten. Der ganze Tag war einfach furchtbar, das Wetter auch nicht besonders und die Straßenverhältnisse schlecht. Und kein Techniker in Sicht. Das heißt, schon, aber er verließ uns. Nichts war geklärt, gar nichts. Gefühlte Stunden verbrachte ich am Telefon, um mit der Telekom-Hotline der Lage Herr zu werden. Ohnmächtig stand ich der ganzen Situation gegenüber. Mittlerweile war es dunkel, wir befanden uns wieder auf dem Heimweg Richtung Österreich. Gottlob hatten wir mittlerweile eine Pause gemacht. Nachdem meine Freundin versehentlich die Verbindung mit der Hotline gekappt hatte, als wir endlich einen Sachbearbeiter erreicht hatten, brauchten wir beide eine Pause. Die Warteschleife war tatsächlich 100 Kilometer lang gewesen. Auch für die Maus war es gut, ein bisschen herumgetragen zu werden. Frisch gestärkt versuchte ich ein letztes Mal mein Glück, die Hotline zu erreichen, um das mit dem Techniker zu klären. Diesmal lief alles glatt, eigentlich. Wenn nur nicht dieses Schild »Letzte Möglichkeit vor der Grenze, Ihre Vignette zu kaufen« aufgetaucht wäre. Ich wurde hektisch.

»Was, was haben Sie gerade gesagt?«, schrie ich fast ins Telefon.

»Dass ich Sie jetzt zu unserem Technikerteam durchstellen werde.«

»Nein, bitte hören Sie, stellen Sie mich jetzt nirgendwo durch, das geht jetzt nicht! Dann war es das! Verstehen Sie meine Not! Wir sind gleich an der Grenze, und dann ist wieder der Empfang weg, für Tage, denn ich kann die Hotline von Österreich aus nicht erreichen!«

»Oh, verstehe«, hörte ich am anderen Ende der Leitung. »Dann würde ich dem Technikerteam Bescheid geben, dass man Sie zurückruft. Wäre das eine Möglichkeit für Sie?«

»Das wäre natürlich eine Möglichkeit«, antwortete ich, »aber könnte man da ein ungefähres Zeitfenster vereinbaren?«

»Das werde ich natürlich versuchen, Frau Uhlig. Ich lege Sie jetzt kurz in die Warteschleife, um mit dem Technikerteam zu besprechen, wann es zurückrufen könnte. Bin gleich wieder da.«

Oh nein, oh nein, bitte, bitte nicht. Doch da drang auch schon wieder die Computerstimme an mein Ohr:

»Kennen Sie schon unseren neuen Magenta1-Vorteil?«

»Was ist?«, hörte ich meine Freundin von hinten.

»Sie hat mich in die Warteschleife gelegt.«

»Dann fahr rechts ran! Bitte lass uns das vor der Grenze erledigen!«

»Wie denn?! Wir befinden uns auf der linken Spur, die rechte ist dicht, und die Ausfahrt ist gerade vorbei. Jetzt rollen wir, ob wir es wollen oder nicht, nach Österreich.«

»Hallo, sind Sie noch dran?«, vernahm ich die bis heute wirklich netteste Stimme der Telekom-Hotline.

»Und wie ich noch dran bin.«

»Super, ich hatte mir schon Sorgen gemacht wegen der Verbindung. Wo sind Sie jetzt eigentlich gerade?«

»Wir haben gerade die Grenze passiert.«

»Ach, wie schön, und jetzt sind Sie in Österreich?«

»Ja.«

»Oh, wie wunderbar. Da war ich als Kind sehr oft. Meine

Eltern wollten immer dahin. Komisch, dass man das als Erwachsener nicht mehr macht. Österreich ist ja so schön, oder? Aber Sie sprechen gar keinen Dialekt. Vielleicht sollte ich doch noch mal nach Österreich fahren, aber jetzt hat's mich in den Norden verschlagen.«

»Wieso hat es Sie in den Norden verschlagen?«, fragte ich wirklich interessiert.

»Uhlig«, hörte ich meine Freundin vom Rücksitz, »nicht verzetteln! Was ist mit dem Termin?«

»Ach, der Norden, wissen Sie, das ist eine wirklich lange Geschichte …«

»Und die lohnt es sich wirklich mir zu erzählen«, unterbrach ich hastig die ehrenwerte Dame, »aber vorher, nur für den Fall, dass wir unterbrochen werden sollten, …«

»Ach Gott, wie peinlich, jetzt habe ich Ihnen so viel von mir erzählen wollen.«

»Nein, das muss Ihnen wirklich nicht peinlich sein, wirklich nicht. Es …«

»Uhlig, das gibt's doch nicht.«

Mit der rechten Hand wedelte ich nach hinten, um meine Freundin ruhig zu stellen. »Es interessiert mich sehr, ich finde Lebensgeschichten äußerst spannend.«

»Wäää!«, brüllte von hinten die Maus in einer Lautstärke, die ihresgleichen suchte.

»Schsch.« Sofort war meine Freundin wieder dabei, die Maus zu beruhig.

»Ach, wie süß, Sie haben ein Baby dabei, wie alt ist es denn?«

»Wäääääääääääää!«

Wenn schon meine Freundin es nicht schaffte, mich wieder auf den richtigen Kurs des Telefonats zu bringen, dann schaffte es zumindest meine kleine Maus.

»Hören Sie, meine Liebe«, flötete ich viel zu laut ins Telefon, »ich muss mich jetzt hier leider kümmern. Sehr schade, es war gerade so nett mit Ihnen, Ihre Geschichte …«
»UUUHLIG!«
»Wäääääääääääääääää!«
»Bitte, gute Frau, ich brauche sofort das Zeitfenster für den Rückruf vom Techniker!«
»Ach Gott, natürlich sofort, wo hab ich's denn gleich? Hach, der PC ist ja auch wieder so langsam. Man sollte meinen, wir hätten mit dem Internet kein Problem. Hahaha. Ah hier, da hab ich's. Er kommt zu Ihnen am …«
»Wie, er kommt?«, unterbrach ich sie hastig. »Er kann nicht kommen, ich bin nicht da.«
»Aber er meldet sich eh vorher am Telefon am …«
»Hallo, hallo, sind Sie noch dran?« Mir schwante Fürchterliches. »Hallo?«, rief ich ein letztes Mal verzweifelt. Nichts, keine Antwort. Es war passiert. Die Grenze, der Empfang, das andere Land. Da hörte ich wie durch Watte meine Freundin von hinten: »Und wann meldet er sich nun, Uhlig?«
»Ich weiß es nicht.«
»Wie, du weißt es nicht?«
»Der Empfang ist weg.«
Fassungslos starrte ich auf die Fahrbahn und gab Gas.

Was war passiert? Und wie war ich an diesen Punkt gekommen? Ich hatte tatsächlich fast die gesamte Autofahrt nur telefoniert. Und nichts erreicht. Meine Nerven lagen blank.
Meine Freundin hatte die ganze Zeit mit mir im Auto gesessen, und wir hatten kaum ein vernünftiges Wort mit-

einander gesprochen. Stattdessen hatte ich mit einer Computerstimme telefoniert. Ohne ein Ergebnis. Ich hatte die Landschaft nicht genossen, meine Maus hatte mich genervt, ich hatte Hunger. Ich war angespannt von der Konzentration aufs Autofahren und dem Versuch, mich nebenher noch auf ein Telefongespräch einzulassen. Ich war wuschig und aggressiv und hatte die Grenzen meiner Belastbarkeit erreicht.

Aber war das nicht typisch für das Zeitalter Handy? Wenn wir uns mit jemandem austauschen wollen, reden wir nicht mehr, sondern schreiben eine SMS. Jeder ist immer und überall erreichbar, hat seinen Terminplan digital dabei, und wer eine Familie hat, managt und kontrolliert womöglich mit seinem Mobiltelefon noch die Kinder und will ihnen so beibringen, wie sie richtig mit ihrem Handy umgehen. Dauernd erhält man Anfragen von irgendwelchen Spielen, die die Kinder runterladen wollen, was sowieso schon komisch ist, denn sie sind doch gar nicht zu Hause im WLAN, und mobile Daten haben sie nicht. Aber auf dem Schulweg kommen sie immer wieder an frei herumschwebenden Netzen vorbei. Haben Sie sich in der Stadt schon mal über Ansammlungen von Menschen gewundert, meist mit Rucksäcken, die vor Geschäften stehen und da gar nicht reinwollen? Sie können sicher sein, dort gibt es etwas umsonst, und zwar WLAN. Die Vorstellung, dass meine Kinder durch die Stadt pirschen auf der Suche nach diesen Plätzen der Freiheit, ist mir unheimlich. Aber wie kann ich ihnen ein wirkliches Vorbild sein, wenn ich schon auf der Autobahn die ganze Zeit mit Hotlines telefoniere?

Frau Uhlig und der alte Schwede

Es waren Schweden, die seinerzeit ihren großen Hit namens »Waterloo« hatten. Das hätte mir eine Warnung sein sollen, denn mein persönliches Waterloo erlebe ich regelmäßig beim Möbelschweden. Und doch tue ich es immer wieder, wie ein Kind, das hinfällt und wieder aufsteht. Jedes Mal tue ich danach so, als sei nichts passiert. Obacht, Elli, Obacht! Komm, steh wieder auf! Hast du Plumps gemacht, mh? Schau, das bisschen Blut am Knie … Geht gleich wieder weg … Ist doch gar nichts passiert.

Egal, wie weit der Schwede auch entfernt ist, man fährt hin. Wenn man durch Zufall an ihm vorbeifährt, fühlt man sich auf Anhieb heimisch. Denn das Rundum-sorglos-Paket, das einem in den heiligen Hallen von Ingvar-Kamprad-Elmtaryd-Agunnaryd, dem Vater von Billy, Ivar und Pax, geboten wird, sucht seinesgleichen. Man fühlt sich sofort aufgehoben und geborgen. Man ist zu Besuch bei einem guten Freund. Und genau wie bei guten Freunden bleibt man meist länger als gedacht, denn auf das eigentliche Thema kommt man erst über Umwege und diverse andere Geschichten. Der Schwede hat das geschickt erkannt und Themenwelten erfunden, durch die man sich arbeiten muss, ehe man beim eigentlichen Problem angekommen ist. Will man also zum Kinderthema, muss man erst die Bettgeschichten hinter sich bringen, haha …

Apropos Kinder: Meine wollen schon beim Schweden in

die Bälle springen, da sind wir noch zu Hause. Auch ich wollte als Kind immer in die Bälle. Es war das einzige Einkaufsvergnügen, bei dem man anfing zu jauchzen und schon hinwollte, bevor es die Eltern wollten. Heute gibt es in jedem dritten Einkaufszentrum ein Kinderparadies, aber damals hatte der Schwede damit die Nase vorn. Der Geruch der Holzmöbel vom Schweden prägte meine ganze Generation. Jede Gabel, jeder Teller, jede Kerze, die Bettdecken, Lampen, Pflanzen, Regale, Schränke und vor allem die Servietten sind von ihm. Einiges wurde mit der Zeit ausgetauscht, aber wir alle haben in und mit ihm gelebt. Es beruhigt irgendwie, wenn man zu Besuch bei Freunden ist und weiß, wie ihre Möbel heißen. Man hat gleich ein vertrautes Gefühl, den gleichen Geschmack, die gleiche Verbindung. Man nickt sich über Billy hinweg wissend zu, erkennt Expedit wieder und weiß, dass man die gleiche Sprache spricht. Man weiß, dass Expedit früher aus Vollholz war oder zumindest so tat, dass das Material heute schlechter, die Ausstattung der Schubkästen von Fell über Plastik bis Rattan oder Stoff jedoch aufregender geworden ist. (Ein Skandal, dass man das Ur-Expedit aus dem Programm genommen hat.) Beim verstohlenen Blick ins Schlafzimmer grüßt man Pax, oder man läuft im Flur fast an ihm vorbei, da er sich mit seiner matten Hasvik-Schiebetür mühelos der Wand anpasst. Herr Karl hasst den Schweden. Er kann meine Liebe zu ihm nicht teilen. Er fährt da auch nicht hin, denn schon beim Betreten der heiligen Hallen übermannt ihn die Atemnot, und er hat das dringende Bedürfnis, sofort mit seinem Agenten Klaus zu telefonieren, und zwar draußen. Ich weiß das. Und ganz Weibi, wie ich nun mal bin, versuche ich, ihn zu schützen, wo es geht, und ihn nicht in Situationen hineinzutheatern, in denen es ihm nicht gut geht. Aber manchmal lässt es sich nicht vermeiden, und dann müssen wir da durch.

Nun war es mal wieder so weit. Ich hatte viel recherchiert, verschiedene Bettenhersteller ausgekundschaftet, mehrfach heimlich Probe gelegen in wirklich, wirklich tollen Betten. Erst kürzlich hatte ich eines aus Griechenland ausprobiert, mit viel Baumwolle und Olivenöl in der Verarbeitung, und da ich Halbgriechin bin, geriet ich in schwere Versuchung, finanzielle Unterstützung zu leisten. Aber der Grieche wird in dem Moment, wo er Griechenland verlässt, teuer, und die Drei-Bett-Idee wäre damit nicht mehr haltbar. Die Kinder, also der Große und der Kleine, die Prinzessin ausgenommen, wiegen zusammen vielleicht knapp die Hälfte von mir. Diese zwei Dreikäsehochs brauchen mitnichten ein Luxusbett aus Griechenland, das leuchtete mir ein. Da war ich mit dem Herrn Karl mal ganz d'accord.

Aber ich wollte nun mal drei einheitliche Betten haben, und beim Schweden würde ich möglicherweise drei Betten für den Preis von einem halben beim Griechen bekommen. Somit musste der Grieche ein schöner Traum bleiben und vielleicht wahr werden, wenn die Drei-Bett-Variante ausrangiert und auf die Buben und ins Gästezimmer aufgeteilt würde.

Gerne wäre ich ohne den Schweden ausgekommen, aber das war unmöglich. Jeder fuhr und fährt dahin: um sich inspirieren zu lassen, um herauszufinden, was man nicht will, manchmal auch, um nur Servietten zu kaufen … Merkwürdigerweise lässt man immer mindestens 100 Euro an der Kasse, ohne genau zu wissen, wofür eigentlich, denn man wollte doch eigentlich nur Servietten. Der Schwede hat einen Riecher dafür, was ich gerade brauche und was in ist. Habe ich den Umwelt- und Gesundheitsgedanken, sämtliche Plastiktupperdosen in Glas umzutauschen, hat der Schwede neue Glasaufbewahrungen im Programm. Auch Trinkgläser auf Reserve können nicht schaden – sie kosten ja fast nichts. Überhaupt, ein paar Vorräte anzulegen, also zu lagern, schadet nie. Zum Beispiel bei Duftkerzen, da ist es immer gut, wenn man Ersatz im Schrank hat. Es gibt Tage, da sollte man den Schweden nicht betreten, denn da ist er ein beliebtes Ausflugsziel. Freitagnachmittage und Samstage sind tabu. Wenn es regnet, sollte man ihn ebenfalls besser meiden. Småland (so der neue Name für Schwedens Kinderparadies) ist an solchen Tagen heillos überfüllt, und dann könnte einem blühen, dass man die wunderbaren Kinder auch noch auf den Rundgang durch die Themenwelten mitnehmen muss.

Leider ist gerade für Schwangere der Schwede ein Muss, denn wenn man dabei ist, ein Nest zu bauen, geht man umso lieber dorthin, weil man gleich alles mitnehmen kann und nicht darauf warten muss. Beim ersten Kind muss auch noch der Vater mit, bei den nächsten reicht auch eine Freundin oder die Oma. Wirklich dramatisch ist, dass Småland die Kinder erst ab drei Jahren einlässt. Vorher ist der Besuch für alle eine Zerreißprobe und kann nur mit Köttbullar erträglich gemacht werden. Köttbullar, diese kleinen Hackbällchen in Jägersoße. Mir läuft auch bei dem Gedanken an einen Hotdog nach der Kasse das Wasser im Mund zusammen. Meistens nehme ich gleich vorab einen, immer mit Getränk, weil es dann günstiger ist und ich schon hier das Sparen anfange. Sollte ich es dann geschafft haben, am Restaurant und den Köttbullar unbeschadet vorbeizukommen, schaffe ich es nach dem Bezahlen bestimmt nicht, den Hotdog, sozusagen den Abschieds-Hotdog, abzulehnen. Und dann noch so ein schönes Softeis, mmmh. Schließlich braucht man ja Kraft für das Telefonat auf dem Heimweg mit dem Gescheitfix, dem man erklären muss, dass man doch noch etwas gekauft hat, das man dann bitte zu Hause gemeinsam hochtragen und aufbauen möge.

»Du wolltest doch gar nicht zum Schweden?«

»Ja, aber er lag auf dem Weg von Wien zurück.«

»Wir brauchen aber doch gar nichts.«

»Nein, aber die Kinder hatten Hunger.«

»Hast du keine Jause mitgenommen?«

»Sie mussten auch aufs Klo.«

»Aber da hättest du doch zu jeder Autobahnraststätte fahren können.«

»Ja, aber schau: So konnte ich günstiger tanken, denn neben dem Schweden liegt die günstige Tankstelle, und beim Schweden können die Kinder in die Bälle und sich so richtig austoben.«

»Das hätten sie doch zu Hause auch gekonnt, ihr hattet doch nur noch 70 Kilometer.«

»Möchtest du dich jetzt mit mir streiten? Du könntest ja auch sagen, dass ich das ganz toll durchdacht habe. Das Essen in Raststätten ist doch viel teurer als beim Schweden, und auch das Klo kostet.«

»Uhlig, ich hab mir Sorgen gemacht. Ich hab dich vier Stunden nicht erreicht, und beim letzten Telefonat sagtest du, ich bin gleich da und melde mich.«

»Wirklich? Hast du so oft angerufen? Das hab ich gar nicht gesehen …«

»Uhlig?!«
Schweigen.
»Was hast du gekauft?«
Schweigen.
»Uhlig?«
»Gar nichts.«
»Uhlig. Was?«
»Ich hab's auch von meinem eigenen Geld bezahlt, Karl.«
»UHLIG – WAS HAST DU GEKAUFT?«
»Servietten, Karl.«
Schweigen.
Schweigen.
»Und vielleicht noch ein paar Gläser.«
Schweigen.
»Aber höchstens zehn.«
Schweigen.
»Du, und wo ich schon mal da war, wir haben eh schon mal darüber gesprochen, dass ich den Pax noch mal umbaue.«
»Was tust du?«
»Na, weißt du, der Pax. Ich habe gedacht, ich hole dann noch Schuheinlagen dafür statt der Kleiderstange, die ist ja so unpraktisch.«
»Uhlig, wir hatten darüber gesprochen, und ich habe gesagt, dass ich das nicht will.«
»Eben, und deshalb habe ich das nicht gemacht, sondern einen Schuhschrank gekauft.« …

Frau Uhlig schreitet zur Tat

Endlich war der Moment gekommen: Wir befanden uns auf dem Weg zu einer Lesung des Herrn Karl, der ideale Zeitpunkt, meine Dreibettenidee anzugehen und zu verwirklichen. Heimlich hatte ich eruiert, dass auf dem Weg ins österreichische Hinterland zwei Schweden unseren Weg kreuzen würden. Also drängte ich in der Früh auf raschen Aufbruch und gab natürlich nicht preis, dass ich gedachte, beim Schweden haltzumachen, denn dann wäre die Stimmung direkt dahin gewesen. Herr Karl musste sich physisch und psychisch vorbereiten. So eine Lesung kann man schließlich nicht aus dem Ärmel schütteln.

Fast pünktlich kamen wir los. Meine Stimmung war jedoch angespannt, da ich das Gefühl hatte, wir müssten uns ein bisschen beeilen und auf die Tube drücken, um genug Zeit zum Probeliegen zu haben und gleichzeitig Herrn Karls psychische und physische Vorbereitungszeit für die Lesung einzuhalten. Wann war der richtige Zeitpunkt gekommen, mein Anliegen vorzubringen? Sollten wir den ersten Schweden links liegen lassen und erst beim zweiten ausfahren, damit wir dem Veranstaltungsort ohne Stau schon näher kämen, oder wäre es besser, gleich den ersten zu nehmen, damit man anschließend noch genügend Zeit hätte, während der Weiterfahrt die Bettenlage zu überdenken und auszudiskutieren? Was war richtig, was war falsch? Ich wusste es nicht. Beides hatte Vor- und Nachteile. Prinzessin eilte mir zu

Hilfe. Anscheinend hatte sie genug vom Autositz, und ich hatte das Gefühl, sie musste dringend Kacka. Auch ging der Film der Buben zu Ende. An dieser Stelle ein Hoch auf Real-Seat-Entertainment, zu Deutsch: Video an Bord mit Kopfhörern. Laut meiner Berechnung musste der Schwede in zehn Kilometern Entfernung an der Autobahnausfahrt 3 auftauchen. Höchste Zeit also, das Problem in Angriff zu nehmen. Augen zu und durch.

»Bist du schon gut vorbereitet auf die Lesung?«

»Mhm.«

»Gut oder schlecht?«

»Uhlig, was willst du?«

»Nichts, was soll ich denn wollen?«

»Du interessierst dich doch sonst nicht für meine Vorbereitung.«

»Also, das stimmt nicht. Ich bin sehr daran interessiert, wie es dir geht. Das ist jetzt wirklich unfair. Ich habe nur gedacht …«

»Aha, also doch. Was ist?«

»Gar nichts ist. Es ist nur so, dass jetzt gleich ein Schwede kommt, und ich habe gedacht, wenn du gut vorbereitet bist … Und schau, die Kinder haben jetzt auch Hunger.«

Wie auf Kommando brüllte Prinzessin los. Gut eingespielt, Prinzessin und ich.

»Schhh Babybaby, schschhhh, schhhh. Nee, Karl, es geht jetzt nicht, ich muss erst mal nach hinten zu Prinzessin. Schschhhhh, mein Baby.«

Umständlich kletterte ich nach hinten und schlug mir dabei den Kopf am Monitor des Real-Seat-Entertainments an.

»Mamaa, wir sehen nichts!«, schrie der Große.

»Und ich habe Hunger!«, bellte der Kleine.
»Wäääää!«
»Schhhhh, Babybaby, schhhhhh. Karl, jetzt fahr doch einfach mal raus bei der Ausfahrt 3.«
»Wieso, was ist bei der 3?«
»Ich hab Hunger!!«
»Ich auch und ich sehe immer noch nix, Mama!«
»Ja, weil der Film aus ist, mein Schatz!«
»Mama, schauuuu, da kommt der Schwede! Ich will in die Bälle!«
»Oh ja, Bälle!«, jauchzte der Kleine.
»Wäääää!«
»Lieber, das ist ein Wink des Schicksals. An Ausfahrt 3 kommt der Schwede. Ich wollte da eh hin. Also natürlich nur, wenn du konzentriert und gut vorbereitet bist. Aber jetzt ist das völlig wurscht, ob du konzentrierst und gut vorbereitet bist, weil die Kinder brauchen auch ihr Recht, und wir sind doch gut in der Zeit, oder? Dann können die Kinder sich ein bisschen austoben, was essen, und wir können der Bettenfrage auf den Grund gehen.«
»Oh nein, Uhlig. Ich habe eine Lesung heute, und ich weiß doch, wie das mit dir ist.«
»Gar nichts. Gar nichts weißt du, es ist ganz anders. Ich habe mich geändert. Diesmal bin ich nämlich vorbereitet. Ich habe mich lange damit beschäftigt. Du musst nur noch Probe liegen. Und dann raus.«
»Uhlig!!«
»Wirklich, Karl, ganz sicher.«
»Ich hab Huunger!!«
»Gleich, Spatzi, gleich. Der Papa fährt ja schon raus … Danke, dass du das für mich machst, Karl. Danke. Das weiß ich wirklich sehr zu schätzen. Gerade an so einem

Tag, wo du eine Lesung hast. Ich nutze es auch nicht aus. Bestimmt nicht.«

»Uhlig. Wieso glaube ich dir nicht?«

»Schhhh, mein Baby.«

Und so kam es, dass wir die heiligen Hallen von Ingvar-Kamprad-Elmtaryd-Agunnaryd gemeinsam mit Herrn Karl betraten. Nachdem wir die Buben mit Köttbullar abgefüttert hatten und sie in die Bälle verschwanden, hängte ich mir die mittlerweile ebenfalls satte und schlaftrunkene Prinzessin vor den Bauch. Herrlich, und nun Beeilung, Beeilung, denn die Zeit schritt unweigerlich voran, und die Lesung nahte.

Wo um Himmels willen war die Bettenabteilung? Klar hätte man sich jetzt gemeinsam mit den werdenden Eltern und Erstwohnungseinrichtern, mit schreienden Kleinkindern und entnervten Großeltern dem Strom der vorgegebenen Wege anpassen können, aber ich wollte dem Herrn Karl zeigen, dass ich gewillt war, auch auf seine Bedürfnisse einzugehen und zügig den Möbelgiganten wieder zu verlassen. Ich steuerte also die erste Dame in Gelb an.

»Tschuldigung, tschuldigung. Entschuldigung? Wo bitte geht es denn hier zur Bettenabteilung?«

»Wenn Sie oben sind, Rolltreppe hoch, kommen Sie durch die Wohnzimmer, Büro, Schlafsofas, Schränke, vor den Küchen ist dann die Bettenabteilung. Folgen Sie einfach den vorgegebenen Wegen.«

»Ja, aber, es gibt doch immer Abkürzungen. Kann man nicht zu den Betten abkürzen?«

»Wir kennen uns doch?«

»Nein, wir kennen uns nicht.«

»Doch, ganz sicher kennen wir uns. Waren Sie letzte Woche schon mal hier?«

»Nein, ganz sicher war ich letzte Woche nicht hier, und wir kennen uns nicht.«
»Uhlig, wo lang denn jetzt?«
Die nette Verkäuferin wandte sich Herrn Karl zu.
»Oh mein Gott. Wusste ich's doch! Dass ich Sie kenne. Herr Karl. Und Sie müssen seine Frau sein. Sie spielen doch auch? Richtig? Ja klar, daher kenne ich Sie. Oh, wie süß, und das ist Ihre Jüngste? Aber jetzt will ich Sie nicht länger aufhalten, Sie sind ja privat hier. Entschuldigen Sie noch mal. Aber es ist trotzdem schön, Sie mal persönlich gesehen und kennengelernt zu haben, und verzeihen Sie mir, Frau Karl, dass ich nicht sofort wusste, wo ich Sie hinstecken sollte.«
»Uhlig, ich heiße Uhlig. Wir sind nicht verheiratet. Wir sind ...«
»Uhlig!!«
»Wie gesagt, wir sind auf der Suche nach der Bettenabteilung.«
»Fahren Sie die Rolltreppe hoch, links bei den Schreibtischen durch die Schwingtür, dann hinterm Pax fängt die Schlafzimmerabteilung an.«
»Danke, vielen Dank«, Herr Karl zog mich zügig auf die Rolltreppe. »Beeilung, Uhlig.«
»Siehst du, Karl, das ging doch ganz einfach. Hach, ich bin so aufgeregt wegen unserem neuen Bett.«
»Ich hoffe, der Mensch in der Bettenabteilung versteht dein Anliegen.«
»Ich möchte mich jetzt nicht wieder streiten, Karl. Wir schauen uns das an und entscheiden später im Auto.«
»Nichts anderes habe ich gesagt, Uhlig.«

Frau Uhlig braucht Hilfe

Es war eine Geburt, dem Fachverkäufer aus der Bettenabteilung mein Anliegen zu erklären, denn das Boxspringbett, das mir von der Farbe her für unser Schlafzimmer zusagte, stand am Kopfteil an jeder Seite zwei Zentimeter über. Das hieß, wenn ich drei Betten nebeneinanderstellen würde, hätten wir wegen dieses Überstands zweimal einen vier Zentimeter breiten Spalt in der Mitte, weil zwei mal zwei nun mal vier ist.

Das Bett ohne überstehendes Kopfteil gab es nur in 1,80 Meter Breite, und ein weiteres, bei dem es ebenfalls gegangen wäre, bekam man nur mit einem runden Kopfteil. Rund mag ich gar nicht. Ich war verzweifelt. Ich hatte doch im Internet ganz klar dieses eine Bett ohne rundes und überstehendes Kopfteil gesehen.

»Hören Sie, im Internet gibt es aber so ein Bett, bei dem das Kopfteil genau passen müsste. Warten Sie, ich zeige es Ihnen.« Ich hielt ihm mein Handy unter die Nase: »Bitte schön. Ganz klar. Das sieht man doch auf dem Bild, das Kopfteil passt perfekt.«

»Aber dieses Kopfteil und dieses Bett führen wir in Österreich nicht.«

»Aber ich bin doch auf Ihrer Internetseite.«

»Nein, Sie sind bei .de nicht bei .at. Denn bei uns auf .at gibt's das nicht.«

»'Tschuldigung, das kann doch nicht sein. Der Schwede ist doch überall gleich, damit wirbt man doch. Dann bestelle ich es halt im Internet bei .de.«

»Gute Frau: Jedes Land hat seinen eigenen Intershop, sein eigenes Sortiment und liefert nur bis zu Grenze.«
»Ja, und was mache ich jetzt?«
»Ich kann Ihnen da nicht helfen.«
»Das müssen Sie ja auch in dem Sinne gar nicht, aber trotzdem sind Sie der Fachmann. Wenn ich jetzt die Betten ohne Kopfteil kaufe und dann zusammenstelle, dann müsste es doch gehen, oder?«
»Ja ... mhm ... Wenn Sie die Betten ohne Kopfteil kaufen, können Sie die Betten aneinanderstellen. Vielleicht wäre es gut, wenn Sie sie miteinander verbinden. Denn wenn ich Sie richtig verstanden haben, möchten Sie eine große Liegefläche haben ... mhm ... Ja, dann müsste es gehen ... ohne das Kopfteil ... Aber den Kopfteilbezug, den müssen Sie trotzdem kaufen.«
»Wieso muss ich den denn kaufen, wenn ich das Kopfteil gar nicht brauche?«
»Weil der beim Boxspringbett Dunvik dabei ist. Sie kaufen Dunvik, und bei Dunvik ist der Bezug für den Bettkasten, die Matratze und das Kopfteil im Paket enthalten. Da kann man gar nichts machen.«
»Aber Sie sind sicher, dass ich dann nicht das Kopfteil kaufe? Denn das brauche ich ja gar nicht.«
»Doch, gute Frau, Sie kaufen das Kopfteil, das ist doch bei Dunvik dabei!«
»Aber Sie haben doch gerade gesagt, nur der Bezug ist im Paket enthalten.«
»Natürlich nur der Bezug. Der Bezug heißt Dunvik. Das Kopfteil heißt Anavik und ist separat erhältlich.«
Jetzt kam ich doch durcheinander. Eben sagte er doch, das Kopfteil sei dabei. »Okay, noch mal, nur damit ich nichts falsch verstehe«. Ich schaute den Verkäufer Hilfe

suchend an. »Das heißt, ich habe bei Dunvik alle Bezüge dabei, die ich brauche, auch einen Kopfteilbezug, den ich aber nicht brauche, weil ich das Kopfteil nicht habe. Also erst mal habe ich das Kopfteil nicht, könnte aber eins anbauen und dann den Bezug, den ich ja eh bei Dunvik dabeihabe, nutzen. Weil, ich muss ja alle Bezüge kaufen. Richtig, oder? Entschuldigen Sie, dass ich so kompliziert bin, aber ich habe schon die tollsten Dinge mit dem Schweden erlebt, und deshalb frage ich lieber mehrfach nach, dann ist es klar. Und jetzt habe ich das mit dem Dunvik auch verstanden. Was mir aber noch nicht ganz klar ist, ist das mit dem Anavik, mit diesem Kopfteil, das ist also nicht beim Bett dabei, oder wie …«

»Uhlig!!!«

Herr Karl tauchte in meinem Rücken auf.

»Ich habe nicht mehr viel Zeit. Was soll ich jetzt Probe liegen?«

»Welches Bett wollen Sie denn jetzt?«

»Das Dunvik, oder gibt es da verschiedene Varianten von der Matratze? Also auf jeden Fall das mit dem Dunvik-Bezug. Oder Fritz, das findest du doch auch schön, das Grau, oder?«

»Uhlig, ich hab ’ne Lesung!«

»Genau, genau. Deshalb sollten wir uns jetzt auch sputen.«

Ich wandte mich wieder dem Verkäufer zu: »Welche Matratze ist denn bei Dunvik dabei?«

»Sie möchten es schon als Boxspring haben, oder?«

»Wie? Gibt’s da jetzt Unterschiede?«

»Uhlig?!«

»Ja, ja, ich möchte Dunvik haben. Karl, das ist da jetzt gerade ein bisschen kompliziert, wegen der drei Betten.«

»Ich finde ja auch, dass eins reicht, Uhlig!«

»Wenn eins reichen würde Karl, wären wir nicht hier! Jetzt lass uns doch die Sache nicht komplizierter machen, das können wir doch später besprechen. Wichtig ist doch zu wissen, ob wir mit Dunvik eine Lösung gefunden haben.«

Ich wandte mich wieder dem Verkäufer zu: »Können Sie uns nicht etwas zum Probeliegen geben? Bitte, ich schmeiß gleich die Nerven weg. Hier ist es auch so heiß.«

»Sie können bei Dunvik eigentlich alle Matratzen nutzen. Die Matratze, die am meisten gekauft wird, ist die Hylstat. Die kommt gerollt und ist ein Federkern.«

»Die können wir ausschließen, von Federkern bin ich schon seit Jahren weg. Und wenn eine Matratze gerollt ist, bin ich schon skeptisch. Du doch auch, Karl, oder?«

»Uhlig, ich *haabe eine Leesung!*«

»Richtig, wir können die Sache vereinfachen: Wir nehmen nur die, die nicht gerollt geliefert wird, sondern in einem Stück. Welche gibt es dann da?«

Ich schielte zu Herrn Karl hinüber. Ich spürte, dass er im Begriff war, die Nerven zu verlieren. Ich musste das Ganze beschleunigen.

»Da hätten wir die Häsäng, die hier«, der Verkäufer deutete auf eine Matratze gleich zu seiner Linken.

»Wunderbar. Fritz, probier doch mal die Häsäng! Wie findest du die? Ich find die super. Sie sieht auch schon super aus.«

»Die Häsäng ist auch die beste, die wir haben.«

»Achtung, eine Durchsage: Der kleine Uhlig möchte aus dem Spieleparadies abgeholt werden!«

»So, Uhlig, ich gehe schon mal voraus und hol die Buben! Beeilst du dich bitte, und wir sehen uns dann gleich draußen? Wir müssen!!!«

»Und die Matratze?«

»Entscheide du, ich schlaf eh auf allem gut. Gut? Bis gleich!« Herr Karl zog von dannen, und ich wandte mich wieder dem Verkäufer zu.

»Dann Häsäng. Dreimal Häsäng.«

»Braucht ihr noch lange hier? Wir warten!!«, mischte sich ein Herr von der Seite ein.

»Haben Sie nur eine kurze Frage? Sonst dauert es noch einen Moment«, antwortete der Verkäufer.

»Wir suchen Malmö.«

»Regal 23, Fach 4«, der Verkäufer wandte sich wieder mir zu: »So, wo waren wir stehen geblieben?«

»Hören Sie, ich muss mich jetzt sehr beeilen. Wir hatten gesagt, dreimal das Bett Dunvik mit Häsäng und jeweils einem Topper.«

»So, dann gebe ich das jetzt in den Computer ein und erstelle Ihnen einen Warenschein: dreimal Dunvik, dreimal Bettkasten, sechsmal Taschenfederkern für den Unterbau, sechsmal Rost«

»Wieso sechs? Ich brauche doch nur drei.«

»Der Unterbau bei dieser Breite hat zwei Roste und zwei Federkerne, deshalb sechs. Dann: zwölf Füße, drei Stützfüße, drei Topper – welche Topper nehmen Sie?«

»Gibt es da Unterschiede?«

»Oh ja, wir haben fünf verschiedene Topper im Angebot. Ich kann Ihnen die noch mal kurz zeigen.«

»Nein, bitte nicht. Bitte nehmen Sie einfach den teuersten. Ändern kann ich das ja immer noch.«

»Also gut, dann dreimal Klupsta und nicht zu vergessen dreimal Häsäng, die Matratze. Kein Kopfteil. Möchten Sie es mit Einkaufshilfe und Lieferung, oder suchen Sie sich alles selbst zusammen und lassen es nur liefern?«

»Weder noch. Ich denke noch mal kurz darüber nach. Vielen Dank für Ihre Hilfe.«
»Gern geschehen. Aber falls es dabei bleibt, können Sie beim nächsten Mal mit diesem Zettel direkt zur Kasse gehen. Aber denken Sie daran, vorher die Warenverfügbarkeit im Internet für Ihr Warenhaus zu überprüfen, denn die Häsäng ist jetzt schon knapp.«
»Wunderbar. Ich danke Ihnen für diesen Tipp.«
»Gern geschehen, Frau Uhlig.«
»Sie wissen, wer ich bin?«
»Die ganze Zeit und immer wieder gern.«
Ich zwinkerte ihm zu und verließ mich durch die Menge kämpfend den Möbelgiganten. Herr Karl und die Buben warteten schon im Auto bei laufendem Motor ungeduldig vor dem Ausgang.
»Na super, Uhlig. Jetzt hat Prinzessin die ganze Zeit geschlafen, das wird ja jetzt eine ruhige Autofahrt.«
»Wäääää!!!«

Frau Uhlig macht den Sack zu

Herr Karl war brillant bei der Lesung, so wie immer. Er hätte gar nicht so ungeduldig beim Schweden sein müssen. Natürlich war mein Timing, ihn vor der Lesung durch den Schweden zu hetzen, nicht gerade perfekt, aber es half doch beträchtlich bei der Entscheidungsfindung. Somit mussten wir auf der Rückfahrt auch nur noch ganz kurz zum Schweden rein, denn die Vorarbeit war ja schon geleistet.

»Nein, Uhlig!«

»Bitte, Karl!«

»Nein, Uhlig.«

»Nur noch einmal, Karl.«

»Wieso noch einmal, Uhlig? Wieso müssen wir denn da jetzt wieder hin?«

»Um die Betten zu kaufen.«

»Wie? Das hast du doch gestern gemacht?«

»Nein, habe ich nicht, du hast mich so unter Druck gesetzt wegen der Lesung.«

Schweigen.

Ich schaute ihn flehentlich an.

»Nee, Uhlig, wirklich. Ich möchte mein Leben nicht beim Schweden verbringen und auch nicht den heutigen Tag.«

»Ja, aber ich kann das jetzt nicht allein entscheiden, wir sollten das wirklich gemeinsam machen.«

»Aber wir haben doch schon entschieden, Uhlig!«

»Nur für die Betten, Karl, noch nicht für den Topper. Ohne Topper geht das nicht. Ohne Topper ist das so wie, wie …«

»UUUHLIG!«
»Bitte, Karl!«
Schweigen.
»Mama, ich hab Hunger.«
»Siehst du, Karl, es passt wie gestern perfekt, es liegt auf dem Weg, und heute haben wir keinen Zeitdruck. Wir halten da kurz an.«
Und so kam es, wie es kommen musste. Herr Karl riss sich zusammen. Prinzessin schlummerte friedlich in der Bauchtrage. Ich, diesmal dem Ernst der Lage ins Auge blickend, beeilte mich, da Smaland überfüllt war und wir die Kinder nach der Abfütterung mit Köttbullar im Schlepptau mit dabeihatten.
Unser Glück war, dass derselbe Verkäufer Dienst hatte und sich unser annahm. So schlimm konnte ich tags zuvor also nicht gewesen sein, dachte ich im Stillen. Und wie gut, dass wir noch mal da waren, denn der Topper, den ich am Vortag ausgewählt hätte, entsprach überhaupt nicht unser aller Vorstellung. Das Teuerste ist nicht immer das Beste, auch wenn uns das die Industrie weismachen will – und ich gerne darauf hereinfalle. Für uns war nun Memory-Schaum das neue Zauberwort und verzückte selbst Herrn Karl. Das Preis-Leistungs-Verhältnis war stimmig. Auch die Kinder hatten das Gefühl, ernst genommen zu werden, und konnten mitentscheiden, in welchem Bett sie demnächst schlafen würden.
»Und, ihr Lieben«, schaute ich verliebt meine Kinder an, »das nehmen wir jetzt als Familienbett. Ist doch super, oder?«
Herr Karl riss sich zusammen und spürte, dass es der falsche Moment war, um coram publico und in aller Öffentlichkeit noch einmal unsere Schlafzimmer- und

Bettenmeinungsverschiedenheit offenzulegen und auszudiskutieren. Gottlob ist er ja im Gegensatz zu mir diskret. Und so kam es, dass der Traum von meiner Drei-Bett-Variante wahr zu werden schien.

»So«, räumte der Verkäufer ein, »ich habe hier nun den abgeänderten Warenzettel für Sie. Damit gehen Sie, wie gesagt, einfach zur Kasse und zahlen. Dann geben Sie den Kassenzettel bei der Lieferung ab und vereinbaren einen Termin. Aber ich möchte Sie kurz auf etwas hinweisen: Da der Betrag den üblichen Rahmen überschreitet, wäre meine Frage: Haben Sie das Geld?«

»Wie bitte?« Herr Karl starrte den Verkäufer an. Oh nein, bis jetzt hatte doch alles so gut geklappt. Würde die Stimmung nun kippen?

»Haben Sie das Geld? Ich meine, ähm … Also ich denke, natürlich schon. Also … Manchmal, wie soll ich das jetzt sagen, reicht der Einkaufsrahmen der Karten nicht aus.«

Schweigen.

»Also, ich meinte natürlich nicht, dass Sie kein Geld haben, Herr Karl, oder zu wenig. Aber es könnte ja sein, dass …«

»Was könnte sein?«

Schweigen. Dem Verkäufer war die Situation sichtlich unangenehm, und nicht nur ihm.

»Also, mir ist es neulich schon passiert«, so der Verkäufer schnell, »dass ich mit meiner Karte nicht bezahlen konnte, da der Einkaufsrahmen, der von der Bank vorgegeben wird, für diesen Einkauf nicht ausreichte. Darauf wollte ich Sie hinweisen, nur darauf, dass einem das passieren kann, sonst nichts.« Hilflos schaute er zu mir, erklärte umständlich weiter, »denn das ist ja schon ein hoher Betrag jetzt, Herr Karl, nicht?«

Schweigen.
»Ich meine natürlich, dass Sie unten an der Kasse stehen und da möglicherweise in eine Situation reingeraten, mit der Sie gar nicht gerechnet haben, weil Sie nicht zahlen können.«
»Der Papa kann nicht zahlen?«
»Doch, natürlich kann der Papa zahlen«, beruhigte ich.
»Aber der Mann hat doch grad gesagt, der Papa kann nicht zahlen.« Wie stur mein Großer sein konnte.
»Der Herr hat nur darauf hingewiesen, dass es passieren könnte, dass Papa nicht zahlen kann.«
»Was ist denn dann, wenn man nicht zahlen kann?«, warf mein Großer weiter ein. »Wird der Papa dann verhaftet?
Beim Wort »verhaftet« wurde auch der Kleine hellhörig: »Warum wird der Papa verhaftet?«
»Weil er nicht zahlen kann«, antwortete der Große.
»Natürlich kann der Papa zahlen«, warf ich hektisch und eine Spur zu laut ein.
»Aber wieso sagt denn der Mann dann, dass der Papa nicht zahlen kann?«, beharrte mein Großer.
»Nein, ich will nicht, dass der Papa verhaftet wird«, nuschelte der Kleine.
»Wird er aber, und dann muss er ins Gefängnis, Gefängnis, Gefängnis«, stichelte der Große. Der Kleine fing zu weinen an. »Ich will nicht, dass der Papa verhaftet wird und ins Gefängnis kommt.«
Na wunderbar, die Situation entgleiste. Es hatte doch alles so gut funktioniert.
»Komm her, Liebling! Niemand wird verhaftet.« Meine Hand auf seinem Mund und etwas zu grob schloss ich meinen Kleinen ganz fest in die Arme. »Sch, sch, alles ist gut!«

»Der Papa wird verhaftet. Der Papa wird verhaftet!«, fing nun der Große wieder an. Der Kleine wand sich aus meinen Armen und schrie seinen Bruder an: »Hör auf, hör auf, du blöder Arsch, du bist ganz blöd.«
»Selber blöd!«, blaffte ihn der Große an.
»Nicht beißen! Hört auf zu beißen!«
Großartig. Nun lief es aus dem Ruder. Der Verkäufer bekam einen hochroten Kopf. In der Ferne sammelten sich kleine Grüppchen, die tuschelnd beieinanderstanden. Es war geschafft: Wenn sie uns noch nicht erkannt hatten, dann jetzt. Egal. Wir waren auch eine ganz normale Familie.
»So, jetzt ist Schluss, ihr beiden. Ich werde nicht verhaftet. Du hörst auf, deinen Bruder zu ärgern. Und du, mein Lieber, unterlässt es, deinen Bruder zu beißen!«
Herr Karl wandte sich nun dem Verkäufer zu: »Ich danke Ihnen sehr, dass Sie mich auf einen eventuellen Einkaufsrahmen aufmerksam gemacht haben.«
»Entschuldigen Sie, Herr Karl, das ist mir jetzt sehr peinlich, ich wollte Sie nur darauf hinweisen und Ihnen mögliche Probleme an der Kasse ersparen. Denn das mit dem Limit passiert wirklich oft, und man möchte ja nur ungern in peinliche Situationen geraten. Gerade für Sie wäre es ja wirklich sehr unangenehm. Nicht, dass die Leute irgendwas denken. Ich hab's wirklich nur gut gemeint. Aber man weiß ja gar nicht mehr, was die Karten für Limits haben bei der Bank. Man kennt sich da ja gar nicht mehr aus. Als wir noch den Schilling hatten …«
»Ja, den Schilling haben wir alle geliebt. Aber jetzt müssen wir. Uhlig, haben wir alles? Können wir gehen?«
»Ja, können wir. Wir haben alles.«
»Na dann, auf geht's.«

Wir hatten natürlich nicht alles. Das wurde mir in der Haushaltsabteilung bewusst. Das wird mir eigentlich immer bewusst, wenn ich beim Schweden von oben nach unten gehe. Oben ist immer der schöne Rundgang zum Schauen, und unten ist der schöne Rundgang zum Mitnehmen. Auf der Treppe nach unten beginnen eigentlich schon die Servietten, und es stehen sofort die Einkaufswagen bereit, in die man sie legen kann.

»Nee, Uhlig, nein jetzt. Wir haben doch genug!«

»Nein, haben wir nicht! Servietten kann man nie genug haben.«

»Uhlig, ich war jetzt wirklich ruhig und hab das alles mitgemacht …«

»Bitte, Karl, ich komme gleich nach. Wirklich!«

»Aber wirklich!«

»Wirklich!«

Diesmal war ich sehr schnell. Er hätte ja auch warten können. Ich wollte nur ein paar Servietten holen. Na ja, und dann brauchte ich auch noch so ein paar Kleinigkeiten – diese durchsichtigen Aufbewahrungskistenverschlussklips –, und wenn ich schon mal hier bin, dachte ich, nehme ich gleich auch noch eine Kiste mit, vielleicht auch zwei. Und dann gab's in einer Ecke auch noch Holzbügel, die Laken für die Topper konnte ich im Vorbeigehen greifen, die hätte ich fast vergessen. Als ich vollbepackt durch die SB-Halle zu den Kassen kam, liefen mir meine Kinder aufgeregt entgegen: »Der Papa kann nicht zahlen! Der Papa kann nicht zahlen!«

Der Verkäufer hatte also nicht umsonst gewarnt.

Die Situation war so grotesk, dass Herr Karl und ich nur noch lachen konnten. Herrn Karls Limit reichte nicht aus. Wie gut, dass es die Uhlig gibt …

Frau Uhlig in Zeitnot

Super! Wir hatten es getan. Wir hatten bestellt. Das Familienbett sollte am nächsten Freitag zwischen 8 und 14 Uhr kommen. Leider – oder gottlob – musste der Herr Karl an diesem Tag drehen. Er sollte abends mit der letzten Maschine nach Hause kommen, was zur Folge hätte, dass er erst um circa 22.30 Uhr wieder da wäre. Ich war in heller Aufregung. Der Tag stand im Zeichen des neuen Bettes. Alles hatte ich generalstabsmäßig geplant. Die Buben hatte ich verräumt. Sarita würde wie immer ihre liebevoll wachsamen Augen auf Prinzessin werfen, und Lightning, die treue Seele, würde mir beim Aufbau helfen.

Und dann kam es wie immer anders, als man denkt, und so, wie man es an solchen Tagen liebt: Als Erstes brach die Lightning weg, sie hatte doch nicht frei und musste von 12 bis 18 Uhr arbeiten, wunderbar. Der Freund vom Großen war krank und somit der Große ab Mittag doch zu Hause, und zwar tieftraurig und vor allem unbeschäftigt und gelangweilt. Also verbrachte ich nach der Absage seines Freundes die ersten eineinhalb Stunden des Tages damit, einen anderen Freund ausfindig zu machen, zu dem ich den Großen nun noch verräumen konnte. Das gestaltete sich jedoch äußerst schwierig, da es sich ja um einen Freitag handelte. An Freitagen dürfen sich viele Kinder verabreden, weil am nächsten Tag schulfrei ist. Bei vielen steht aber der Freitag auch im Zeichen der Familie, da er bei den meisten das Wochenende einleitet und die Väter, die Herren der Schöpfung, am Freitag früher heimkommen. Auch die meisten Mütter müssen oft nur bis Mittag arbeiten, wenn sie freitags arbeiten. Und somit ist der Freitag schon frühzeitig verplant. So grenzte es geradezu an ein Wunder, dass ich einen Freund auftat, zu dem der Große zwar nicht hinkonnte, weil die Mutter Termine hatte, der aber zu uns kommen konnte, unter der Voraussetzung, dass ich ihn abholen und am Abend wieder nach Hause bringen würde … Kein Problem, Hauptsache, der Große würde bespaßt werden, ich habe an solchen Tagen ja Zeit, Chauffeur für den Freund meines Großen zu spielen.

Genau in der Zeit, in der ich eigentlich besagten Freund hätte abholen müssen, riefen dann endlich die Lieferanten vom Schweden an. Sie waren längst überfällig, aber klar, wenn die Lieferung zwischen 8 und 14 Uhr vereinbart ist, macht es Sinn, um 13.50 Uhr anzurufen. Problematisch wurde es nur, weil alle Beteiligten in unterschiedlichen Sprachen aufgewachsen waren und nun in solch einer ernsten Situation aufeinander losgelassen wurden. Endlich verstand ich »Brücke niedrig, siebeneinhalb Tonnen« und konnte mir einen Reim darauf machen, denn das sind ja gängige Fachbegriffe, die jeder kennt. Ein Lkw mit 7,5 Tonnen und eine Brückenunterführung, die zu niedrig ist oder der Lkw für sie zu hoch, je nachdem, wie man's nimmt. Egal, Fakt ist, es passt nicht. Wir brauchten einen anderen Weg.

In Weltsprache schrie ich fast ins Telefon, da die Verbindung äußerst schlecht und instabil war: »Du stoppen, warten, I come.« Ich hetzte den Berg hinunter, packte den Freund vom Buben ein und suchte verzweifelt den 7,5-Tonner im Tal. Nachdem ich ihn erfolgreich aufgefunden hatte, fuhr ich vorneweg, auf Schleichwegen umschiffte ich die Brücken und Hindernisse, die dem Navi nicht auszutreiben waren. Leider schaffte der Lkw auch unsere Auffahrt nicht, und so mussten die armen Herren doch mehr schleppen als gedacht. Im Nu füllte sich unser Wohnzimmer mit Teilen, die ich doch gar nicht bestellt hatte, oder doch? Alles schien einzeln verpackt zu sein. Sämtliche Gegenstände in Extraschutzfolie und Kartonage. In Windeseile versuchte ich, alles auszupacken, um den Schwedenmonteuren die Kartonage aufs Auge drücken zu können, bevor sie wieder abfuhren. Ich hatte keine Lust, am nächsten Tag eine Extratour zum Wertstoffsammelzentrum einzulegen. Überhaupt reichte es mir mittlerweile mit den Betten. Unser ganzes Wohnzimmer sah nach Chaos aus. War es doch eine Schnapsidee gewesen? Wie sollten diese ganzen großen Betten ins Schlafzimmer passen? Hatte ich mich verrechnet? Oh Gott! Im Geiste ging ich die Maße noch einmal durch. Doch, das passt, ich hab's ausgemessen!!!

Mein ganzes Leben lang träume ich eigentlich von einem Raum voll von Matratzen, an den Wänden schön gepolstert und viele, viele Kissen – also doch ein Lager. Aber halt nicht ein Lager im herkömmlichen Sinne, sondern in meinem Sinne. Ein Raum der Stille, des Bettes und mir. Mit farbigen Lichtspielen am besten, natürlich dimmbar, ein in der Wand eingelassener Schrank mit Klappfunktion, in dem Platz für Bücher und eine Anlage ist, vielleicht auch noch zwei kleine Fächer für Kramasuri. Ich brauche Handcreme, ich brauche Fußcreme, ich brauche Fettcreme für die Lippen, Taschentücher, kleine Talismane und Fotos meiner Kinder, Traumfänger, einen Wecker, ein Nachtlicht, ein Leselicht zum Anklemmen am

Buch, einen Luftbefeuchter mit Duftölen zum Schlafen oder auch Eukalyptus, falls man erkältet ist. Das alles und noch viel mehr … brauche ich in Griffweite. Des Weiteren hätte ich gerne einen Fernseher mit Sleep-Funktion, der hinter einem Bild verschwindet. Wenn ich kein schönes Bild finde, dann hinter Fensterläden, natürlich Vintage. Diese Fensterläden könnte man dann aufmachen und, oh Wunder, sprachen die Burgunder, es kommt der Fernseher zum Vorschein, der natürlich die flachestmögliche Halterung mit großem Schwenkarm hat, damit ich ihn auf die jeweilige Position der fernsehenden Person einstellen kann. Eigentlich finde ich Fernseher im Schlafzimmer gar nicht gut, und doch ist er ein guter Begleiter in der Not, wenn mich die Angst übermannt und ich alleine bin. Ich mag nicht gern alleine sein, wenn es ganz dunkel ist und keine Geräusche um mich herum sind. Dann brauche ich den Klaus Kleber live, um in den Schlaf zu kommen. Klingt verrückt, ist es auch. Ist mir aber egal, und ich glaube, auch der Klaus würde sich freuen, wenn er wüsste, dass er mir beim Einschlafen hilft. Mehr brauche ich dann wirklich nicht im Schlafzimmer. So wäre mein Traum. Aber das mit dem Fernseher bekomme ich vermutlich niemals durch. Also fing ich erst einmal mit den drei Betten an. Ich musste allerdings zugeben, dass sie richtig wuchtig wirkten im Wohnzimmer. Ich musste sie so schnell wie möglich verräumen und aufbauen, und von der Lightning keine Spur bis 18 Uhr.

Ich verabschiedete die beiden schwitzenden und nach Luft ringenden Monteure mit einem schönen Obolus an Trinkgeld und machte mich daran, dem Wahnsinn der Lage Herr zu werden. Umständlich fing ich schon mal alleine mit dem Aufbau an. Überall lagen Bettenteile offen herum, da, wie gesagt, das Auspacken unkontrolliert und schnell vonstattengegangen war. Zwei Stunden brauchte ich, um mir einen Überblick zu verschaffen. Und immer wieder sah ich aus den Augenwinkeln Prinzessin mit Schraubentüten von dannen ziehen. Der Große und sein Freund bekamen auf Pfannkuchen Hunger, der Postmann kam mit einem Einschreiben, Herr Karl rief an, er freute sich schon aufs Heimkommen. Und nicht ein einziges Bett war aufgebaut. Aber ich hatte alles unter Kontrolle, Lightning würde gleich kommen, Sarita war auch in wilder Vorfreude und hatte versprochen, den Part des Anleitungvorlesens zu übernehmen, denn diesen konnte sie auch mit Prinzessin auf dem Arm ausführen. Dass beim Akkuschrauber der Akku leer war, machte rein gar nichts. Früher hatte man das ja auch mit dem Inbusschrauber gemacht, und ein Inbus war schließlich im Schraubentütchen dabei. Der ist ja beim Schweden immer dabei.

Und dann rief sie an, die Lightning, der Zeiger war schon auf halb sieben, und fragte, ob der Mann, also Herr Karl, denn heute kommen würde? Wenn nicht, könnte man doch, und es wäre auch viel sinniger und entspannter, den Bettenaufbau auf den nächsten Tag verlegen. Man hätte ja schon heute Morgen die ganze Entsorgung des alten Schlafgemachs mitgemacht, die Matratze in den Garten der Oma geschmissen, das Loch zugetrampelt und nun auch noch sechs Stunden Arbeit auf dem Buckel, ohne Nahrung, und der eigene Mann sei auch nicht aufzufinden.

»Dein Mann ist hier, und ja: Meiner kommt um halb zehn.«

Die Lightning hatte wohl gedacht, ich wäre von gestern. Zu Mittag war mir schon klar, dass sie am Abend rumleiern würde von wegen schlapp und hungrig, überarbeitet, alt und Mann. Und aus diesem Grund hatte ich mir Herrn Lightning schon um halb sechs geschnappt, der es nicht mitanschauen konnte, dass ich ohne Akkuschrauber zu Werke ging. Und überhaupt: ich allein, diese vielen Betten, die süße Prinzessin, das ganze Chaos und keiner, der einen Plan hatte. Er fühlte sich wie gerufen und brachte Licht ins Dunkel. Und als hätte ich es gewusst, kaum hatte ich das Gespräch mit der Lightning beendet, konnte ich die Sekunden zählen, bis sie bei mir in der Wohnung stand, um mit Herrn Lightning die Aufbaustrategie zu diskutieren.

Ungefähr zu diesem Zeitpunkt meldete sich Herr Karl, dass der Flug pünktlich ginge. Beeilung war angesagt. Im Schlafzimmer herrschte dicke Luft, weil Herr und Frau Lightning jeweils eine eigene Strategie des Bettenaufbaus verfolgten. Sarita brachte sich aus der Gefahrenzone, die Anleitung vom Schweden war nur in Bildersprache, man brauchte sie also nicht vorzulesen, außerdem brauchte Prinzessin die ganze Aufmerksamkeit. Ich wurde auch nicht wirklich gebraucht in dem engen Schlafzimmer und entschied, dass ich jetzt den Freund vom Großen wegbrächte, den Kleinen auf dem Rückweg holte und mich dann der Zubereitung des Abendmahls widmen würde. Nervennahrung war jetzt wohl für alle angesagt, man könne ja rufen, wenn man mich bräuchte.

Und da kam schon der zweite Anruf des Herrn Karl, er sei gelandet – er hatte doch gerade erst angerufen. Man hätte Rückenwind gehabt.

Nun wurde es knapp. Im Schlafzimmer standen erst zwei Betten, und die Lightning stand daneben und war sehr zufrieden. Sie war doch tatsächlich der Ansicht, dass zwei Betten zum Schlafen reichen müssten. Anscheinend war sie sich des Ernsts der Lage nicht bewusst. Ich musste Einhalt gebieten, denn wenn ich jetzt den Schlendrian einkehren ließe, dann wäre es vorbei mit dem Traum von den drei Betten. Dann würde es bei den zwei aufgebauten bleiben, das wusste ich, wie das Amen in der Kirche. Denn das Schlafzimmer sah jetzt schon übervoll aus. Gut, ich kann mir das alles vorstellen, wenn es fertig ist, ich habe nämlich ein perfektes räumliches Denken und Vorstellungsvermögen, im Gegensatz zu Herrn Karl.

Auch sollte es ja nicht nur bei den drei Betten bleiben, oh nein. An der Wand hinter den Betten sollte eine wunderschön abgedunkelte Fischtapete angebracht werden, die im Moment auf dem Weg von England nach Deutschland verschollen war. Des Weiteren sollte der Raum eine beruhigende Farbgebung von irgendwas Richtung Beige und Mauve bekommen, auf jeden Fall warme Töne. Ebenso fehlten noch zwei schöne Nachtkästchen, die gesucht werden mussten, und die Tagesdecke war auch noch nicht gefunden. Zudem hatte der Lampenladen leider Lieferschwierigkeiten, in dem ich die wunderschönen dimmbaren Wandausziehleuchten erstanden hatte. Und mir fehlte natürlich noch eine zündende Idee für die Kopfteile, die ja notwendig wären, um das Ganze wie ein Bett und nicht wieder wie ein Matratzenlager aussehen zu lassen.

Herr Karl hatte aber kein Vorstellungsvermögen oder wollte keines haben, wenn es um meine Sachen ging. Er würde, das wusste ich, wenn er gleich in der Tür stünde, nur ein renovierungsbedürftiges Schlafzimmer mit Matratzenlager sehen. Denn zu allem Ungemach war die Wand an zwei Stellen auch noch großräumig aufgestemmt und nur notdürftig verputzt für die besagten Leuchten mit Lieferschwierigkeiten und den Fernseher, von dem Herr Karl noch gar nichts wusste.

»Lightning, das Bett muss fertig sein, wenn der Mann da ist!«

»Aber Uhlig, wir können das dritte Bett doch morgen ganz entspannt aufbauen. Ihr habt doch heute Nacht Platz zum Schlafen.«

»Nein, haben wir nicht!«

»Aber können die Kinder nicht heute Nacht in ihren Betten schlafen?«, warf Sarita ein.

»Sarita, wenn sie heute Nacht da schlafen, dann hat er es geschafft!«

»Aber …«

Das Telefon klingelte erneut. Herr Karl teilte mit, dass er nun von der Autobahn in Regau abfahren würde. Ausfahrt Regau, oh Gott. Das hieß ab jetzt bei normalem Tempo 35 Minuten Restzeit. Aber ich wusste, dass Herr Karl nach Hause wollte, blieben also 28 Minuten und ein Strafzettel.

»Mama, dürfen wir fernsehen?«

»Nein, dürft ihr nicht.«

»Aber du hast es doch versprochen.«

»Hab ich, richtig, richtig! Schaut einen ganzen Film.«

So, die Buben waren versorgt. 27 Minuten, 26 Minuten, die Zeit raste. Begriff denn keiner den Ernst der Lage? Herr Lightning las mittlerweile eine Zeitschrift.

»Ihr Lieben, bitte hört mir zu. Hört mich an: Wenn wir

jetzt das dritte Bett nicht aufbauen, dann war es das. Dann bringt er es zurück, ich schwör's. Er will es nicht, versteht ihr? Er wollte es nie und deshalb … Hilfe …«
Alle starrten mich an. Noch 24 Minuten.
»Die drei Betten müssen fertig aufgebaut sein, wenn der Mann da ist! Wenn das dritte Bett auch aufgebaut ist, bringt er es nicht mehr zurück!«
Das wusste ich, dafür ist ihm der Aufwand zu groß, er will sein Leben nicht mit dem Schweden vergeuden und schon gar nicht, ein Bett abbauen müssen, das er bei uns nicht haben will. Er will sich mit Ingvar-Kamprad-Elmtaryd-Agunnaryd nicht mehr als nötig auseinandersetzen müssen. Ich brauchte ihre Hilfe, ohne sie würde ich es nicht schaffen.
23 Minuten.
Warum wollten sie mich nicht verstehen?
»Bitte, das Bett muss fertig sein, wenn der Mann da ist.«
Schweigen.
Ein Engel ging durch den Raum.
Plötzlich passierte etwas: Sie hatten verstanden. Ab jetzt wurden im Akkordtempo und wie in einer Fabrik Teile hin und her gereicht, geschraubt, bezogen, zusammengebaut. Herr Lightning hätte zwar noch gerne die drei Betten miteinander verbunden und zusammengeschraubt, damit sie nicht auseinandergleiten würden, dafür blieb aber keine Zeit mehr. Frau Lightning murmelte in Dauerschleife »Das Bett muss fertig sein, wenn der Mann da ist.« Sarita hatte ihren Posten am Fenster bezogen und stand mit Prinzessin Wache, um zu alarmieren, sobald Herrn Karls Auto in Sicht käme.
Ich schaute zur großen Wanduhr: Fünf Minuten. Nun wurde auch Herr Lightning nervös. Mit vereinter Kraft

schoben wir die Betten in die richtige Position, und im Eiltempo wurden die Betten bezogen und die Decken darauf glatt gestrichen. Frau Lightning gab ihrem Mann die letzten Müllreste mit, damit nichts auf die gewonnene Schlacht hindeuten würde. Da hörten wir Sarita rufen: »Er ist da!«

Uns stockte der Atem, nur Prinzessin quietschte vergnügt. Herr Lightning verschwand fluchtartig, Frau Lightning ging die Katzen füttern, eine Übersprungshandlung, und Herr Karl betrat die Wohnung. Ich hörte ihn von unten: »Hallo, ich bin wieder da! Ah, Frau Lightning. Hallo, wie geht's? Mit den Katzen alles okay?«

»Hallo – Danke – Bestens – Ich geh dann mal.«

Ich hörte die Hintertür ins Schloss fallen.

»Hallooo, ich bin wieder da!« Herr Karl kam die Treppe hoch.

Schnell löschte ich noch das Licht im Schlafzimmer. Als ich mich umdrehte, stand er hinter mir.

»Hallo.« Er küsste mich. »Warum antwortet ihr nicht? Ist alles okay bei euch? Was ist denn mit der Lightning los? Die war so komisch, so verhuscht. Und du warst auch am Telefon so hektisch. Hallo, Sarita.«

»Hallo«, vernahm man ein leises Hallo aus der Ecke. Prinzessin quietschte vergnügt und lief auf ihren Vater zu. Herr Karl nahm sein Mädchen hoch und herzte es.

»Wo sind die Buben?«

»Schauen fern.«

»Warum?«

»Darum.«

»Aha …«

Schweigen.

»Uhlig? Ist alles okay? Ihr seid so komisch alle. Die Einzige, die sich wirklich zu freuen scheint, ist mein kleines Mädchen. Oder irre ich mich?«

Schweigen.

»Uuuhlig! Was ist los?«

Ich wand mich wie ein Fisch im Wasser, nun war er da, der Moment …

»Das Bett ist da.«

»Super, und wo ist das Problem?« Herr Karl steuerte auf das Schlafzimmer zu. Er öffnete die Tür und schaltete das Licht an.

Schweigen.

Langsam, ganz langsam drehte er sich zu mir um: »Verstehe.«

»Es wird besser, ich versprech's.«

»Ich bitte darum.«

Frau Uhlig hat nun alles doppelt

Verlassen wir mal kurz die Betten.

Als Single haben Sie es einfach, da entscheiden Sie, was Sie kaufen oder nicht, wenn Sie das nötige Geld dafür haben. Da müssen Sie niemanden fragen, welche Möbel wie und wo in Ihre Wohnung passen.

Aber mit dem Anfang einer Beziehung, also in dem Moment, wenn Sie sich, meist gemeinsam, entscheiden, Ihren weiteren Lebensweg zusammen, eng verbunden und ohne Kompromisse zu gehen, beginnen die Probleme. Man zieht zusammen, gibt seine Selbstbestimmtheit und das alleinige Verfügungsrecht über den Kühlschrank auf. Eigentlich müsste man sich an diesem Punkt wirklich mehrere Tage zusammensetzen und in medias res gehen. Aber nein, stattdessen springt man einfach los, ohne klaren Kopf, trunken vor Liebe und der Aufregung, ab nun gemeinsam als Paar, womöglich später als Familie, ein gemeinsames Domizil zu bewohnen. Den point of no return zu fixieren.

Sie fanden den bekloppten Hochtisch für die Küche vom Liebsten damals eine Schau. Und noch dazu diese aufregenden Barhocker, auf denen Sie sich in der Blütezeit Ihrer Erweckung aufreizend niederlassen konnten, indem Sie ein Bein lang wegstreckten, um Halt auf dem Boden zu finden, und dabei versehentlich Ihr Bademantel aufblitzte und einen aufregenden Blick auf Ihre wohlgeformten Oberschenkel freigab.

Nun sind Ihre Oberschenkel wirklich nicht mehr die von

damals und diese Barhocker erschreckend gefährlich für Ihre Kinder. Unlängst erst ist eines fast mit einem der Hocker zu Boden gegangen, und das hätte ins Auge gehen können. Ein Bistrohochtisch mit Barhockern ist die unpraktischste Tischlösung, die man mit Kindern in der Küche nur haben kann. Aber Ihr Partner liebt diesen Tisch, er hängt an ihm. Vorsichtig haben Sie es geschafft, den Hochtisch als Ablage in der Küche einzuführen. Die Barhocker dienen als Blumenstellage für Ihre zwei Bananenpflanzen, die er doch so schrecklich fand beim Einzug, die aber nun als einzige Lösung und Kompromiss die kindesgefährdenden Barhocker dulden lassen.

Bleibt aber trotzdem die Frage, wäre die Küche nicht schöner ohne den Stehablagetisch, der eigentlich nur im Weg ist und an dem man sich ständig stößt, wenn man an ihm vorbei muss, von den Barhockern und den Bananenpflanzen ganz zu schweigen? Aber jetzt wird die Abschaffung von Tisch und Hockern zur Zerreißprobe für die Beziehung. Jeder wirft dem anderen vor, seine Sachen nicht zu mögen. Selbst wenn man sie schon lange selber nicht mehr mag, kann man das an diesem Punkt nicht zugeben.

Ich finde es wirklich besser, man setzt sich am Anfang zusammen und bespricht, was man gemeinsam in der neuen Wohnung haben möchte. Die andere Situation ist doch fürchterlich. Stellen Sie sich mal vor, Sie trennen sich. Dann ziehen Sie mit Bananenbaum ein und wieder aus, als hätte es das Leben dazwischen nie gegeben. Wären Sie ohne Bananenbaum eingezogen, hätten Sie gemeinsam ein neues Leben begonnen, und sollten sich trotzdem eines Tages die Wege trennen, ziehen Sie aus ohne Altlasten, so als stünden Sie am Anfang Ihrer Blüte

und wären frei für das Leben, das da draußen auf Sie wartet. Aber nun gut.
Sind Sie das Paar, das mit ihrem Bananenbaum und seinem Hochtisch und den kindesgefährdenden Barhockern zusammengezogen ist …, dann seien Sie jetzt gemeinsam mutig, bringen die Möbel zum Altstoffzentrum und graben bei Nacht und Nebel die Bananenbäume in der nahe gelegenen Grünanlage ein. Sie wollten doch eh immer einen Baum pflanzen, Kinder haben Sie ja schon.
So, und dann können Sie natürlich auch noch darüber diskutieren, ob Sie zu viel Geschirr haben oder nicht …
Bei uns ist das so, wir haben wahnsinnig viel Geschirr. Ich bin keine neunzehn mehr und nicht gerade von zu Hause ausgezogen. Nein, ich war über dreißig, als ich den Prinzen kennenlernte. Ich hatte ein Leben, ich habe gern gekocht und ich hatte auch viel Geschirr. Er auch. Ja, und dann haben wir dieses zusammengewürfelte Geschirr zum Teil behalten und irgendwann ein gemeinsames neues gekauft, denn wir waren ja beide nun keine zwanzig mehr und wollten etwas Schönes und Zusammengehöriges haben, eigentlich ja toll. Wir sind in medias res gegangen, aber wir sind halt auch verschieden.
»Uhlig, ein Vierundzwanziger hätte es nicht sein müssen.«
»Ein Zwölfer hätte ja wohl kaum gereicht, Karl.«
»Wir haben einfach zu viel Geschirr, Uhlig.«
»Nein, wir haben einfach keinen richtigen Schrank, Karl.«
»Hätten wir weniger Geschirr, würde der Schrank reichen, Uhlig.«
»Aber das ist doch nicht die Diskussion, Karl! Fakt ist

doch, wir haben so viel und wir brauchen einen größeren Schrank.«

»Dieser ganze Plunder, Uhlig, schau dir das an, niemand braucht das alles. Du hast einfach zu viel.«

»Nein, ich habe nicht zu viel, was sag ich, wir haben nicht zu viel. Schau mal, wie viele Leute wir sind, und wenn dann auch noch deine Familie kommt …, dann reicht ein Vierundzwanziger erst recht nicht. Da kannst du nur Vorspeise, Suppe und Hauptgang essen. Mehr ist nicht drin. Und wehe, ein Teller ist noch im Geschirrspüler, da bricht das filigrane Gebilde des dekorierten Tisches sofort zusammen. Doppelt hätte es eigentlich sein müssen. Achtundvierziger wäre richtig gewesen. Manche essen ja noch Fisch als Zwischengang.«

»Uhlig, bist du verrückt?«

»Entschuldige, Karl, du machst immer das Gewese mit dem Essen, nicht ich!«

»Dieser ganze Plunder, Uhlig, macht mich verrückt. Wenn man einen Teller rausnehmen will, krachen vorne die Gläser zu Boden. Alles ist vollgestopft bis in die letzte Ecke, dass man an nichts rankommt.«

»Eben, Karl, und deshalb brauchen wir eine größere Anrichte.«

»Man könnte auch einfach aussortieren, Uhlig!«

Stille.

Stille.

»Was hättest du denn gerne für einen Schrank, Karl?«

»Nee, Uhlig, komm mir jetzt nicht so.«

»Weißt du, Karl, ich würde es so sehen, dass wir endlich die Chance haben, eine wirklich schöne Anrichte für die Wohnung zu besorgen. Diese zusammengewürfelten Möbelstücke liegen dir doch schon längst quer im Magen.«

»Das stimmt nicht, Uhlig. Den antiken Ladentresen mag ich sehr.«
»Aber da passt ja nix rein, Karl.«
»Ich ruf jetzt den Klaus an.«
Er hatte die Ausstiegskarte aus unserer Diskussion gezogen. Gegen einen Anruf beim Agenten konnte man nichts einwenden, es hatte ja schließlich mit Arbeit zu tun, und ohne Arbeit sowieso keine Anrichte.

Frau Uhlig hat ihre liebe Not

Jetzt ist's gerade schlecht. Können wir später telefonieren, bitte?«
»Nein, Uhlig, denn jetzt stehe ich in Wien in dieser Antikhalle und habe drei mögliche Anrichten fotografiert, die ich dir gerade per Mail geschickt habe. In einer Viertelstunde muss ich wieder zum Set fahren, es eilt.«
»Natürlich, Karl, natürlich. Darf ich aber bitte kurz auflegen, um den Krieg zwischen unseren Kindern zu beenden, die gerade überlegen, wie sie sich die Köpfe einschlagen, die Bolognesesoße vom Boden aufwischen, ohne mir dabei die Keramiksplitter der zerplatzten Schüssel in die Hand zu rammen, ganz abgesehen davon, dass ich auf dem Weg zur Toilette war und der Postbote unten wartet und ich immer noch in Unterwäsche in der Wohnung stehe, weil ich meine Klamotten nicht finde, die ich gestern über den Stuhl gelegt hatte. Aber ich schau sofort, versprochen.«
Herrschaftszeiten, war das wieder ein Tag. Anscheinend erledigte ich nicht alles schnell genug, weil das Telefon wieder klingelte.
»Du, Uhlig, pass auf. Lass dir Zeit, aber ich muss jetzt wieder zum Set. Wir können das ja auch ein anderes Mal besprechen. Jetzt sind wir so lange ohne große Anrichte ausgekommen, da schaffen wir das auch noch ein paar Tage mehr.«
Oh nein, ich wusste es, jetzt musste ich schnell handeln, sonst würde man diese Große-Anrichten-Idee möglicherweise wieder verwerfen.

»Warte, Karl, warte! Ich hab den Computer schon aufgemacht. Oh. Ah. Aha. Hmh. Verstehe. Und welche findest du am besten?«

»Ich finde die mit dem Metall ganz schön, Uhlig, aber ich glaube, die ist zu klein. Außerdem weiß ich nicht wirklich, ob Metall in die Wohnung passt. Bei puristischen Wohnungen, loftartig, würde das wunderbar passen, und ich find's auch sehr schön, aber du räumst ja alles so voll, da bin ich mir nicht sicher mit dem Metall.«

Ich gehe darauf gar nicht ein, schoss es mir durch den Kopf. Im Gegenteil, mit noch liebenswerterer Stimme antwortete ich: »Verstehe, Karl, was würde denn deiner Meinung nach in unsere von mir vollgestopfte Wohnung passen?«

Ohne auf meinen versteckten Vorwurf, den ich sehr passend platziert fand, zu reagieren, antwortete Herr Karl umgehend: »Ich finde die Anrichte aus dem neunzehnten Jahrhundert am schönsten.«

»Aber ...«, ich scrollte zu dem Foto und betrachtete es eingehend. Diese Anrichte hatte ich gar nicht in Betracht gezogen, obwohl sie selbstredend sehr schön war und mit Sicherheit die tollste von denen, die er ausgesucht hatte, aber wir hatten doch ausgemacht, dass wir Platz brauchen in der Anrichte. »Karl, die ist doch viel zu klein!«

»Vertrau mir, Uhlig, die Maße kommen auf dem Foto nicht richtig rüber, aber sie ist groß. Sie ist größer als alle anderen. Eigentlich müsste unser komplettes Geschirr reingehen – vom Ladentresen und der Glasvitrine –, und dann hast du sie vielleicht gerade mal zur Hälfte gefüllt.«

»Quatsch, Karl.«

»Doch, Uhlig, sie ist riesig. Die nehmen wir jetzt.«

Frau Uhlig kann's nicht glauben

»Was? …«

Ich war fassungslos. Herr Karl war mittlerweile wieder beim Dreh, und mir wurden die Maße der »Vitrine« durchgegeben. Was der Herr am Telefon mir da verkündete, war absurd. Um Gottes willen. Immer noch klangen mir die Worte des Herrn Karl im Ohr. »Uhlig, kümmerst du dich bitte um den Rest! Das kannst du auch viel besser als ich, organisieren, ich muss jetzt wirklich zum Dreh. Ich zahl schnell das gute Stück, aber dann muss ich wirklich los. Der nette Herr von der Antikhalle macht jetzt kurz Mittagspause, bitte ruf ihn in einer halben Stunde an, damit ihr die Abholung und den Transport klären könnt. Ich schicke dir seine Nummer nachher per SMS. Das hat doch super geklappt diesmal mit uns beiden beim Möbelkauf. Ganz schnell waren wir uns einig. Super, Uhlig! Bussi.«

Nun saß ich da mit dem Hörer in der Hand, unfähig, mich zu bewegen. Was nun? Was nun tun? Das würde nicht gehen. In diesem Moment hatte ich keine Ahnung und keine Idee, wie wir das gute Stück von der Antikhalle in Wien über die A1 ins Salzkammergut zu uns vor die Haustür bringen sollten. Gut, das war mit viel Geld möglich, aber die Anrichte zu uns in den ersten Stock zu transportieren, das war unmöglich.

»Entschuldigung, das kann doch nicht sein, dass diese Anrichte zwei Meter fünfundneunzig in der Höhe misst. Und einsachtundsechzig in der Breite? Und was sagen Sie? Neunzig tief. Neunzig?«

Nein, das konnte nicht sein.
H = 2,95 m, B = 1,68 m, T = 0,90 m
»Die kann doch nicht neunzig Zentimter tief sein! Sie haben sich vermessen.«
»Nein, Frau Karl.«
»Uhlig. Ich heiße Uhlig.«
»Entschuldigen Sie, Frau Karl.«
»Uhlig«
»Richtig, Uhlig.«
»Genau.«
»Wo waren wir stehen geblieben, Frau Uhlig?«
»Bei den Maßen.«
»Okay. Welches hätten Sie noch mal gerne?«, fragte mich der Herr.
»Hören Sie, Herr, Herr … Entschuldigung, jetzt ist mir Ihr Name entfallen.«
»Grohe.«
»Wie die Armatur?«
»Richtig.«
»Ah, stammen Sie aus der Badezimmerarmaturendynastie?«
»Nein, Frau Karl.«
»Uhlig.«
»Richtig, schön wär's.«
»Ich glaube, Herr Grohe, jetzt hab ich den Faden verloren.«
»Wir waren bei der Breite.«
»Nein, jetzt hab ich's wieder. Wir waren bei der Tiefe. Neunzig kann nicht sein. Bitte messen Sie das noch einmal nach. Es gibt doch keine Anrichte, die neunzig Zentimeter tief ist. Neunzig! Das ist ja fast ein Meter! Wo soll die denn stehen? Das geht durch keine Tür.«

»Frau Uhlig, ich bin ganz sicher, dass ich mich nicht vermessen habe. Aber ich gehe noch einmal hin, am besten jetzt mit Ihnen, und wir messen sie zusammen ab.«
»Jetzt aber, oder?«
»Natürlich. Ich bin schon auf dem Weg.«
»Herr Grohe, also grundsätzlich …?«
»Frau Uhlig, ich muss Ihnen sagen, ich stehe jetzt genau davor, entschuldigen Sie, dass ich Sie unterbreche, aber sie hat neunzig Zentimeter, Millimeter hin oder her. Aber was wollten Sie grundsätzlich noch einmal sagen?«
»Herr Grohe, jetzt bin ich gerade grundsätzlich sprachlos. Aber, die hat doch nicht überall eine Tiefe von neunzig, oder? Auf dem Foto ist ja unten dieses bauchige Teil, dieses …, wie nennt man das, Herr Grohe? Unterbau? Ja, Unterbau ist, glaube ich, der richtige Ausdruck. Und obendrauf ist die durchaus schmalere Glasvitrine? Richtig?«
»Na, Frau Uhlig, so schmal ist die auch nicht. Die misst auch fünfundvierzig in der Tiefe.«
»Ja, Herr Grohe, fünfundvierzig ist ja ein Klacks gegenüber neunzig, das ist ja geradezu wohlfeil.«
»Na ja, Frau Uhlig, täuschen Sie sich nicht, das obere Teil ist so groß, wie wenn Sie sich eine dicke Doppelmatratze vorstellen, nur halt steif. Aber, wenn ich mir das jetzt so anschaue, muss ich erst einmal noch was Positives sagen: Ich glaube, die ganze Anrichte besteht doch aus zwei Teilen.«
»Entschuldigung, Herr Grohe, davon ging ich aus!«
»Interessant! Ihr Mann und ich nahmen nämlich an, dass die aus einem Teil besteht, ein Guss sozusagen.«
Na, da haben sich ja zwei besondere Experten getroffen, schoss mir durch den Kopf.
Zweiteilig war der Transport ja schon fragwürdig. Aber

einteilig? Unmöglich! Denn allein das Türmaß … Was glaubt der Mann? Dass wir in einem Schloss wohnen und ich ein Bauunternehmen habe, das gleich mit dem Kran um die Ecke kommt? Aber die alles entscheidende Frage war, was war eigentlich mit Herrn Karl los? Nun gut, der Karren war vor die Wand gefahren, jetzt mussten wir das Beste daraus machen.

Mit bemüht freundlicher Stimme, um meinen Unmut über so viel Doofheit und Unwissenheit nicht zu zeigen, fuhr ich weiter fort: »Da bin ich aber wirklich froh, das erleichtert ja vieles, dass sie aus zwei Teilen besteht.«

»Da bin ich jetzt auch ganz erleichtert, Frau Uhlig.«

Atmen, Uhlig, atmen. Ruhe bewahren. Omm, schoss es mir durch den Kopf.

»Herr Grohe«, sagte ich sehr langsam und deutlich, »passen Sie auf: Ich habe mir jetzt ein Blatt Papier besorgt. Ich zeichne jetzt einmal die zwei Teile auf, und Sie geben mir die Maße!«

»Wunderbar, Frau Uhlig, so machen wir's. Ich werde jetzt mit der Tiefe des Unterteils anfangen.«

Wir arbeiteten beide konzentriert und zügig. Auf meinem Blatt Papier entstand eine schlechte Zeichnung der Anrichte. Na gut, räumliches Zeichnen war bei mir auch schon ein paar Jahre her.

»Vielen Dank, Herr Grohe, ich glaube, ich hab's jetzt. Meinen Sie, es ist möglich, die Glastüren auszubauen? Erstens ist das Ganze dann leichter und zweitens auch besser zu transportieren. Hätten Sie denn eine Transportfirma?«

»Ja, und die haben wir auch schon angefragt, darum bat mich Herr Karl.«

»Und?«

»Was und?«
»Ja, würden die es machen, was kostet es, wann wär's möglich?«
»Ja, die würden es machen, den Termin müssten Sie selber mit Ihnen ausmachen. Für die Abholung, den Transport ins Salzkammergut und zu Ihnen in die Wohnung hat man jetzt erst einmal tausend Euro veranschlagt. Aber es kann auch noch mehr werden, da man die Begebenheiten bei ihnen noch nicht kennt. Und Sie brauchen auf jeden Fall noch zwei Mann mehr bei Ihnen zu Hause. Hier würden wir das übernehmen, obwohl ich's grad echt mit dem Rücken hab. Denn, wenn wir hier nicht mithelfen und Sie keine zusätzlichen Helfer haben, müsste die Transportfirma vier Leute schicken, und das schlägt sich dann natürlich zusätzlich auf die tausend Euro drauf.«
Ich hatte schon am Anfang seiner Erklärung abgeschaltet. Bei ›Tausend Euro‹ war ich ausgestiegen. Entschuldigung? ›Wo samma denn?‹, um es auf Österreichisch zu sagen. Tausend Euro, plus, plus, plus. Mein Umzug von Mitteldeutschland nach Österreich hatte nicht viel mehr gekostet.
»So, Herr Grohe, jetzt mal Klartext. Da mache ich nicht mit, das ist absurd. Ich werde mich jetzt um eine andere Möglichkeit bemühen, wie die Anrichte auf den Weg kommt. Darf ich mich später wieder melden?«
»Jederzeit, Frau Uhlig.«
»Danke, Herr Grohe.«

Frau Uhlig sucht eine Lösung

Ganz abgesehen davon, dass das Trumm kostengünstig hier herkommen musste, stand ich nun vor dem eigentlichen Problem. Herr Grohe und ich waren so verblieben, dass ich mich wieder melden würde, wenn ich einen geeigneten und günstigeren Transporteur aufgetrieben hatte.

Gut, beschloss ich, vielleicht sollte ich vor dem eigentlichen Problem für den Moment die Augen verschließen und mich erst einmal um einen günstigen Transport bemühen. Aber das war nicht so leicht, denn wenn ich das eigentliche Problem nicht in den Griff bekäme, bräuchte ich auch keinen Transport, egal wie günstig er wäre.

Es half nichts, zumindest vor mir selbst musste ich das Problem aussprechen: »Ich bekomme die Anrichte nicht in die Wohnung, sie ist zu groß.« Sie war noch lange nicht da, doch schaffte es die Anrichte bereits, dass ich Selbstgespräche führte.

Mit dem Zollstock war ich nun in unseren vier Wänden unterwegs. Ich musste mich korrigieren. In der Wohnung bekam ich sie natürlich unter. Es würde nicht leicht werden, aber es gab eine Wand, da passte sie und da sähe sie bestimmt spitze aus. Dass dort ein Wandlicht montiert war, war im Moment das kleinste Übel.

Die wirkliche Katastrophe war, dass wir das Trumm unmöglich in die Wohnung bekamen. Auch in zwei Teilen war es undenkbar. Wobei das Unterteil mit einer Tiefe von 90 Zentimetern, einem Meter Höhe und circa einem

Meter siebzig Länge noch das kleinere Problem darstellte. Es wäre halt wie ein massiver Tisch, wie ein Block oder ein Quader, so wie bei Tetris, das lange Stück passt eigentlich überall rein. Das Oberteil, die Glasvitrine mit 45 Zentimetern Tiefe, das war das Problem. Dieser Aufbau ging nicht die Treppe rauf, passte nicht ums Geländer, der Drehwinkel reichte nicht aus. Durch die Haustür würde es gerade noch gehen, die war ja zweiflügelig. Da konnte man die zweite Tür öffnen. Dass wir das seit einer gefühlten Ewigkeit nicht mehr versucht hatten, war jetzt egal. Das würde schon irgendwie gehen, notfalls mit Gewalt. Aber dann war Schluss. Aus. Basta. Schluss. Das Trumm, also das Oberteiltrumm, war nicht nur gefühlt, sondern tatsächlich, was hatte der Händler gesagt, so groß wie eine Doppelmatratze, und ich kenne ja dieses Maß, ich hatte es mir ja aufs Blatt geschrieben:
H = 2,00 m, B = 1,70 m, T = 0,45 m
Nicht nur eine Matratze, sondern eine dicke Boxspringmatratze, und wer, wenn nicht ich, weiß, was Boxspring heißt. Das wäre eine riesige Matratze, nur mit dem Unterschied, dass man eine Boxspring zumindest noch biegen könnte. Der Glasaufbau der Anrichte jedoch war starr, und dadurch entstand das Problem. Nun war guter Rat teuer.

»Ah, doch, das könnte gehen«, sprach ich wieder mit mir selbst. »Über den dreieckigen Balkon und dann durch die Balkontür, das wäre eine Möglichkeit. Nur, wie kommt das Oberteil auf den Balkon? Die Wendeltreppe, die vom Garten hinaufführt, ist auch zu eng im Drehwinkel. Außerdem ist das Ding ja richtig schwer, und es müssen vier Leute tragen. Die passen erst recht nicht alle auf die Treppe, selbst wenn es im Drehwinkel gehen würde. Es vom Garten aus hochzustemmen, um es über das Balkongeländer zu wuchten, wird nicht gehen, da der Balkon zu weit oben ist und man ein Gerüst bräuchte beziehungsweise eine Hebebühne …, aber wie gesagt, ich habe kein Bauunternehmen. Aber, ach, halt, da fällt mir ein … Das ist die Idee, das ist eine Spitzenidee!« Je mehr ich darüber nachdachte, desto klarer wurde mir: Das ist *die* Idee überhaupt! Dass ich darauf nicht früher gekommen war! Spitze, genial! So wird's gemacht! Ach, was für ein herrlicher Tag!

Frau Uhlig weiß sich zu helfen

Na. Naa. Na, das geht nicht.« Bauer Wenger kratzte sich am Kopf. »Na, Liebe, wirklich nicht. Also, ich mach dir das schon gern. Aber. Na. Na.« Er schaute mich durchdringend an. »Das geht ned.«
»Aber es müsste super gehen, Wenger. Wirklich!«, unterbrach ich ihn. »Die Schaufel von deinem Traktor kommt doch fast bis an den Balkon ran, und dann könnten oben die Männer das Vitrinenoberteil entgegennehmen. Wir simulieren mit deiner Schaufel eine Hebebühne.«
»Na. Na. Das geht ned. Also das geht schon, Liebe. Aber wie kommt der Traktor zum Balkon?«
Ich schaute ihn an. »Na ja, ganz einfach. Der kommt doch die Auffahrt hoch, der Traktor? Oder nicht? Und dann …«
»Und dann?«, Bauer Wenger unterbrach mich.
»Ja, dann, ähm.«
»Genau. Genau da hama a Problem.«
»Ah, du meinst wegen dem Rosenbogen«, antwortete ich kleinlaut.
»Liebe, der Rosenbogen ist das kleinste Problem. Welche Jahreszeit hama?«
»Wieso?«
»Na, was? Welche Zeit hama?«
»Herbst.«
»Eben. Und selbst wenn nicht Herbst wär«, er schaute mich scharf von der Seite an. »Du möchtest hier doch noch weiter wohnen, oder nicht?«

Nun war ich komplett verwirrt. Was hatte das denn mit der Vitrine zu tun?

»Wenger, ich glaub, wir haben jetzt ein Verständigungsproblem beziehungsweise ich versteh gar nichts mehr.«

»Gut, pass auf: Im Herbst ist das Wetter unbeständig. In der letzten Zeit hat's viel geregnet. Richtig?«

»Richtig.«

»Und das Fundament des Gartenbodens ist durchweicht. Aber selbst, wenn es nicht so viel geregnet hätte, ist der Rosenbogen das geringste Problem. Wenn ich mit dem Traktor durch den Garten deiner Schwiegermutter fahre, sind der Garten und dein Verhältnis zu deiner Schwiegermutter Geschichte.«

»Aber wieso ist dann mein Verhältnis zu meiner Schwiegermutter Geschichte?«

»Liebes, schau doch mal meinen Weg zwischen den beiden Weiden zum Wald an. Die Spuren vom Traktor kriegst du dort nicht mehr weg. Schau dir die Riesenreifen einmal genau an!«

»Ah. Oh Gott!« Jetzt konnte ich es bildlich vor mir sehen, wie der Traktor den Garten der Schwiegermutter durchpflügte. Ganz abgesehen davon, dass ich vorher noch mit dem Spaten die fünfzehn Jahre alten Rosenstöcke ausgraben müsste, um den Rosenbogen mitsamt der Stöcke zu versetzen. Dabei würde ich vermutlich alle Wurzeln zerstören, aber das wäre, nachdem der Traktor durch den Garten gefahren wäre, vermutlich mein kleinstes Problem. Dass dort, wo der der Traktor zu stehen kommen müsste, um mit der Schaufel das Ungetüm über die Balkonbrüstung zu heben, eine wunderbare Blumeninsel mit seltener Artenvielfalt, sehr gepflegt, das Schmuckstück von Schwiegermutters Garten bildete, darüber mochte ich im Moment gar nicht nachdenken. Wenger riss mich aus meinen trüben Gedanken mit noch trüberen Worten.

»Liebes, das geht sich sowieso nicht aus.«

»Was geht sich sowieso nicht aus?«

»Die Schaufel geht sich nicht aus, die reicht nicht.« Mit geschultem Augenmaß schaute Bauer Wenger zur Balkonbrüstung. Beide standen wir inzwischen unter dem dreieckigen Balkon.

»Schau, Liebe, zwischen Traktor mit hoher Schaufelposition und Balkon fehlt immer noch ein Meter, und dann bist du nur beim Boden des Balkons. Schau hier«, Bauer Wenger sah mich eindringlich an, »wenn das der Abstand zwischen der ausgefahrenen Traktorschaufel und dem Balkonboden ist«, er markierte mit einem Stock einen Punkt im Rasen, »hier die Schaufel«, dann ging er mit gezieltem Schritt einen Meter ab und steckte wieder einen Stock in den Rasen, »Boden, Balkon. So, und jetzt pass auf!«. Er blickte kurz zum Balkon, dann ging er einen sicheren großen Schritt auf dem Rasen und steckte wieder einen Stock in den Boden.

»Liebes, wie groß ist noch mal das Oberteil?«

»Knapp bis zu dem Stock würde ich sagen.«

»Welchen Stock meinst du?«

»Ich glaube, vom Anfangsstock bis zum Endstock. So groß … haach, Wenger«, verzweifelt schaute ich ihn an, und mit bitterer Erkenntnis fuhr ich fort: »Jetzt versteh ich's. Wenn das Oberteil auf der Schaufel steht, reicht es nur bis knapp zum Balkongeländer, aber nicht weiter. Dann kriegen wir es nicht drüber. Es müsste mindestens zur Hälfte über das Balkongeländer ragen …«

»Mindestens!!!«, warf Bauer Wenger ein.

Ich nickte und sprach leise weiter: »Um es dann mit einer vorsichtigen Schwenk-Kipp-Bewegung über das Geländer zu hieven, ohne dass es dabei in zwei Teile zerbricht.«

»*Unmöglich*!!«, sagte Bauer Wenger laut und bestimmt.

»Unmöglich«, wiederholte ich resigniert. »Und nun? Wenger, hast du eine Idee?«

»Na ja, Liebe, ich glaube, dir bleibt nichts anderes übrig, als den normalen Weg durch die Eingangstür zu wählen.«

»Aber, Wenger, das geht da nicht hoch über die Treppe, wegen dem Sicherungsgitter. Durch das seitlich angebrachte Gitter hat man keine Chance. Der Drehwinkel reicht nicht aus. Schau, die Treppe dreht sich ja so rauf, sie ist ja nicht gerade, sie verläuft parallel zum Flur, und man muss sich da reindrehen. Das letzte Stück hat einen Winkel von 90 Grad, und du kannst nur etwas hochbringen, das maximal einen Meter dreiundvierzig in der Breite hat und dann auch nicht länger als zwei Meter ist, wegen dem Sturz, außer es lässt sich biegen. Ich habe aber steif einsachtundsechzig in der Breite.«

»Ja, dann muss das Gitter weg.«

»Wie, das Gitter muss weg?« Entgeistert schaute ich ihn an. »Das ist doch an beiden Seiten, am Boden und in der Decke, fest verankert.«

»Ja, aber das kann man wegflexen.«

»Ja, aber das muss doch als Absturzschutz da sein!«

»Du kannst es ja danach wieder montieren lassen.«

»Wenger, das ist ein Riesenaufwand!«

»Immer noch weniger und auch besser, als den Garten zu zerstören, und außerdem ist die Idee eh hinfällig, da die Schaufel von der Höhe her nicht reicht, wie wir gerade gesehen haben.«

»Ja«, antwortete ich resigniert.
»Ja.«
»Ja dann«, ich schaute ihn an.
»Ja dann montier‘s ab!«, antwortete er.
»Ja.«
»Dann haben wir ja eine super Lösung gefunden.«
»Ja.«
»Dann ich geh jetzt mittagessen, ja?«
»Ja, genau.«

Frau Uhligs Nerven liegen blank

Ich hatte einen Schwächeanfall und musste dringend meinen Kühlschranktherapeuten aufsuchen. Bevor ich mit letzter Kraft die Tür öffnen konnte, klingelte mein Handy. »Uhlig, da bin ich. Ich hab jetzt Mittagspause.« Herr Karl schien einen guten Dreh zu haben, das hörte ich an seiner Stimme. »Wie läuft's mit der Anrichte?«

»Wunderbar, ganz wunderbar. Die wird hier richtig schön aussehen«, knurrte ich ins Telefon.

»Das freut mich, dass sie dir auch so gefällt. Aber könntest du ein bisschen deutlicher sprechen, ich hör dich so schlecht. Telefonierst du wieder mit diesem Headset? Ich versteh dich ganz schlecht, es brummt so in der Leitung.«

»Es brummt nicht in der Leitung. Das bin ich, die so brummt.«

»Was? Ich verstehe dich nicht! Sag's bitte noch mal!«

»Es brummt nicht in der Leitung, das bin ich, die so brummt!«, schrie ich ins Telefon.

»Das ist einfach ein Scheißtelefon, das du da hast, ich verstehe gar nichts! Dieser neumodische Quatsch. Das ist mir jetzt zu anstrengend, so mit dir zu telefonieren. Ich habe gleich eine schwere Szene und muss mich aufs Wesentliche konzentrieren. Bussi! Bis später.«

Ich schreie jetzt, ich schreie jetzt ganz laut, war mein erster Impuls, und dann kriege ich einen Tobsuchtsanfall und schmeiße mein Handy gegen die Wand. Verloren und fassungslos stand ich da mit dem Handy in der Hand vor der leeren Wand. So ein ... Nein, das ist zu milde ausgedrückt, er ist so ein … Er ist so, so, so, na … Dass er es immer noch schaffte, mich nach so vielen Jahren derart auf die Palme zu bringen, das musste Liebe sein. Denn sonst, sonst … Nix sonst. Ich war außer mir … Gnade ihm Gott, wenn er nach Hause käme! Ich drehe ihm den Hals um! Aber fürs Erste, für jetzt wünsche ich ihm, dass er sich gleich verspricht. Ich hoffe, das ist eine richtig schwere, wichtige und entscheidende Szene, die er jetzt vor sich hat, und er verspricht sich. Nein, noch besser: Er hat ein Blackout, und der Text ist weg. Weg. Weg. Haha. Weg ist er aus dem Gehirn.

Es ärgert mich ohnehin seit Jahren, dass er sich Texte viel besser merken kann als ich, er mit seinem fotografischen Scheißgedächtnis, der Horror. Und wissen tut der Mann auch so viel, ekelhaft ist das, ekelhaft. Und so schön ist er auch, widerlich. Ein richtig großer Blackout wäre jetzt angebracht, ein großer, echter Blackout mitten in der Szene. Wenn einem aus Panik und der hektischen Suche nach dem Text der Schweiß von der Schläfe an den Ohren entlangrinnt, während die Ohren anfangen zu rauschen und das Rauschen langsam in das Gehirn vordringt und sich dort zu einem Wirbelsturm entwickelt. Und dann wird einem heiß, so unfassbar heiß. Das gesamte Set starrt einen an, circa fünfzig Menschen. Sämtliche Teammitglieder sind so leise, dass man eine Stecknadel fallen hören könnte. Die Kollegen schauen fassungslos herüber. Der große Herr Schauspieler kann seinen Text nicht, und es gibt wirklich nichts, was peinlicher ist. Unvorbereitet, Text nicht gelernt, sieht man in ihren ungläubigen Augen … Versager …

Und man steht einfach nur da, unfähig, sich zu bewegen,

als Depp. Während die Hitze von den Füßen langsam den Körper erfasst und sich zu einem Schwelbrand, ach, was sag ich, zu einem Flächenbrand ausbreitet. Und schon brennt man lichterloh wie Paulinchen im Struwwelpeter!

Und Minz und Maunz, die Katzen,
Erheben ihre Tatzen.
Miau! Mio! Miau! Mio!
Du warst gemein zu Elli so!
Sie drohen mit den Pfoten:
...

Das Telefon klingelte. Reflexartig ging ich ran. Herrn Karls Stimme drang an mein Ohr: »Ich wollte nur noch mal sagen, dass ich dich lieb hab. Entschuldige bitte meinen rüden Ton gerade eben. Ich hatte vorher ein unangenehmes Gespräch mit dem Klaus, und du hast da leider meinen Unmut abbekommen, der dir gar nicht gebührt. Und ich muss dir einfach noch schnell sagen, dass das mit der Vitrine so toll klappen wird, hab ich einzig dir zu verdanken. Danke noch mal, dass du das machst.« Plötzlich hörte ich ein ›Kamera ab‹ aus der Ferne rufen, Herr Karl fing an zu flüstern. »Entschuldige, ich muss auflegen. Wir sind kurz vorm Drehen, die haben schon gerufen. Ich küss dich, ich küss, mmmh, mmmh, …« und weg war das Gespräch.
Stille.
Ich stand da mit dem Handy in der Hand. Eine Wärme durchflutete mich. Wie konnte ein Mensch so viel Glück wie ich haben? So ein toller Mann, so ein toller, toller Mann. Ich fühlte mich wie eine Königin, getragen

von Liebe, Sorgsamkeit und Achtsamkeit. Ich stand in Flammen:

Paulinchen war allein zu Haus,
Die Kinder waren alle aus.
Als sie nun durch das Zimmer sprang
Mit leichtem Mut und Sing und Sang
Da wusste sie es ganz genau,
Er war ihr Mann, sie seine Frau.

Ich musste ihm unbedingt etwas von dem Gefühl, das er in mir auslöste, zurückgeben. In diesem Moment wollte ich ihm unbedingt auch etwas schenken, das ihn freuen würde. »Die Anrichte! Wenn sie hier schön an der Wand steht, das würde ihn freuen.«
Die laut ausgesprochenen Worte hallten in meinen Ohren nach. Das war die Idee: Wenn er am Wochenende nach Hause käme, würde ich ihn mit der schönen Anrichte in der Wohnung überraschen. So, Uhlig, frisch ans Werk. Hurtig, hurtig! Nicht ausgeruht! Angepackt und durchgeführt. Gitter abbauen lassen. Transport organisieren. Drittens: Anrichte aufstellen lassen. Putzen. Einräumen. Ach Gott, der Elektriker fehlte noch für den Abbau der Wandlampe, sonst passte die Anrichte gar nicht an die Wand. Der müsste bei ›Drittens‹ eingefügt werden. Also noch mal von vorne. Am besten, ich schreib mir einen Zettel, schoss es mir durch den Kopf, dann vergesse ich nichts.

1. Gitter abbauen lassen.
2. Transport organisieren.
3. Elektriker

4. Anrichte aufstellen lassen
5. Putzen
6. Einräumen
7. … Herrn Karl überraschen.

Mit neu gewonnener Kraft schnappte ich mir mein Handy.

Frau Uhlig hat die Lösung

Ich hatte es geschafft. Irgendwie hatte ich es geschafft, die Anrichte auf den Weg zu uns zu bringen. Und wenn alles planmäßig verlief, würde sie schon bald hier sein. Ohne mich nun selbst zu loben, muss ich sagen, organisieren kann ich. Ich weiß zwar nicht, ob meine Umwelt mich mittlerweile hasst, aber wenn ich mir etwas in den Kopf gesetzt habe, dann ziehe ich es durch. Ich verstehe nicht, wie Menschen monatelang, was sag ich, jahrelang renovieren können und von Fenstern in Wänden träumen, die vermutlich nie dort eingebaut werden. Solche Menschen gibt es, ich hab eine Freundin, bei der es häufig so läuft.

Wenn ich renoviere oder Durchbrüche für mögliche Fenster mache oder generalsaniere, dann dauert das maximal zwei Wochen. Länger habe ich keine Zeit und auch keine Geduld. Und das kann klappen, man muss nur alle Gewerke gut organisieren. Die müssen einfach alle Hand in Hand zusammenarbeiten. Dann tritt man sich halt hier und da auf die Füße, aber ich finde, man kommt sich auch näher und spürt eine Verbundenheit, einer für alle, alle für einen. In der Renovierungsfernsehsendung *Zuhause im Glück* funktioniert das ja auch. Meine Freundin, die mit dem Fenstertraum, würde sagen: »Das ist Fernsehen, die Wirklichkeit sieht anders aus.« Ich würde sagen: »Alles ist möglich, wenn du's nur willst.« Dass ich schon längst ein Fenster, ach was sag ich, eine doppelflügelige Terrassentür eingebaut hätte, lassen

wir jetzt einmal so im Raum stehen. Bei mir wird nicht geträumt, da wird angepackt. Träume sind dazu da, sie wahr werden zu lassen. Darauf würde meiner Freundin vermutlich wieder ein kluger Spruch einfallen, deshalb lassen wir es, wie es ist. Sei es, wie es sei, Fakt ist: Das Fenster gibt es bis heute nicht. Davon ließ sich aber meine Freundin bis zuletzt nicht entmutigen, sie hatte eine Idee für eine Übergangslösung: Bis zur Realisierung ihres Fenstertraumes hängte sie an der möglichen Stelle der Fensteröffnung einen Fensterrahmen hin. Dann hat sie sich eine Tageslichtlampe gekauft und ein halbes Jahr lang verschiedene Möglichkeiten durchdacht, wie sie diese in den Rahmen einbauen könnte, um ein echtes Fenster mit Tageslicht zu simulieren. Sie fand auch tatsächlich einen genialen Weg, doch dann machte ihr die Stromzufuhr einen Strich durch die Rechnung.
An der Wand gab es keine Steckdose, und das Kabel war sehr kurz, auf Batterie umbauen war nicht möglich, ein langes Verlängerungskabel kam nicht infrage, denn das hätte quer durch den Raum verlegt werden müssen, damit es die nächste Steckdose erreicht hätte. Die fehlende Steckdose in der Wand und das damit verbundene störende Kabel haben ihr ihre geniale Idee zunichtegemacht, denn sie war und ist ja ein Ästhet. Allerdings, und das finde ich nun wirklich ein bisschen schräg, hat sie über einen längeren Zeitraum überlegt, die gesamten Wände aufzureißen, um die Elektrik neu zu verlegen!
»Du kannst doch nicht alle Wände aufreißen! Ist doch absurd!«, sagte ich, als ich bei ihr zur Besuch war.
»Wieso denn nicht? Das gehört doch eh schon seit Jahren gemacht.«
»Ja, aber Liebes, doch nicht wegen der Lampe!«

»Man braucht immer einen Anlass, und der Mann braucht auch mal was zu tun.«
Das meinte sie ernst! Ihr Mann hatte vor dreißig Jahren Elektriker gelernt. Dass er nach der Lehre in einen anderen Beruf gewechselt hatte, spielte an dieser Stelle keine Rolle mehr. Gelernt ist gelernt, davon war sie fest überzeugt. So wie Fernsehen halt Fernsehen ist …
Ohne mich groß loben zu wollen, erschien mir mein Einwand an dieser Stelle richtig und wichtig gewesen zu sein, sie solle doch noch einmal überlegen, ob es wirklich eine gute Idee sei, dort, wo das Fenster nach draußen hinkommen sollte, neue Elektrik zu verlegen …
Wenn man heute zu ihr zu Besuch kommt, steht die Tageslichtlampe auf dem Boden, und davor lehnt der Fensterrahmen. Da stand sie nicht immer. Dass sie nun so dramatisch auf den Boden gestellt wurde, neben das Katzenparadies, dorthin, wo sie nun meines Erachtens wirklich keinen Sinn mehr macht, habe ich zu verschulden. Zumindest sagt das meine Freundin. Meine Freundin hatte sie nämlich zuerst auf die hübsche Anrichte gestellt. Völliger Quatsch, denn von dort blendete die Lampenfensterrahmenkonstruktion auf unangenehme Weise. Bei einem meiner Besuche bei ihr habe ich ihr das gesagt. Gut, es ist möglich, dass ich mich im Ton vergriffen habe.
»Was für eine saudumme Idee. So ein Quatsch aber auch. Wie kommst du denn auf so einen Schwachsinn, die Lampe dorthin zu stellen? Da blendet sie jeden, unangenehm.«
Saudumm, Quatsch und Schwachsinn hätte man möglicherweise auch netter umschreiben können. Das hat sie mir übel genommen. Sehr. Und deshalb hat sie diese

Konstruktion beleidigt auf den Boden gestellt. Ich war nicht dabei, aber ich glaube, da hat sie mich verwünscht wie die dreizehnte Fee bei Dornröschen. Dass ich bei meinen Besuchen bei ihr von nun an immer ein schlechtes Gewissen haben sollte, gepaart mit Magengrummeln, denn ich hatte ihr den Traum genommen, den Traum von Licht und Sicht.

Kurz hatte ich wirklich Sorge, unsere Freundschaft wäre in Gefahr, und ich war schon versucht, zum Lichtmediator mit meiner Freundin zu gehen, bis ihr vermeintlicher Elektriker-Mann bei einem meiner Besuche mir heimlich steckte, dass die Katzen die Lampe auf dem Boden lieben und seitdem auch die Wildkatzen endlich reinkommen würden, die immer nur draußen herumgelungert hatten, und somit war mein Motzen über die Lampe auf der Anrichte letztlich für etwas gut gewesen. Das würde meine Freundin aber natürlich nie zugeben, und ich musste versprechen, darüber Stillschweigen zu bewahren bis zum Jüngsten Tag.

Aber nun zurück zur Anrichte …

Meine Anrichte, unsere Anrichte, befand sich also auf der A1 von Wien zu uns. In zwei Tagen hatte ich alles, was zu tun war, in Windeseile erledigt. Nachdem ich verzweifelt meine Lage geschildert hatte, war der Schreiner meines Vertrauens gekommen, gleich mit Azubi, denn sie waren durch Zufall bei einem Auftrag in der Nähe gewesen. Es war ein bisschen tricky, das Geländer abzubauen, aber es ging. Nun lag das Geländer sorgfältig aufeinandergestapelt in unserem Schlafzimmer und wartete auf den Wiederaufbau. Auch hatte der Elektriker-Mann von meiner Fenster-Freundin geholfen und tatsächlich patent die Wandlampe am zukünftigen Aufstellort der

Anrichte entfernt. Es war also alles vorbereitet, und ich wartete auf die Ankunft der Anrichte.
Ach ja, auch bei dem Problem *Wie kommt die Anrichte kostengünstig von Wien hierher?* war mir eine Superschlaufuchsidee gekommen. Ich drehte nämlich gerade quasi vor der Haustür im Salzkammergut. Die Ausstattungsabteilung der Filmfirma musste ständig in den Wiener Möbelfundus fahren. Das heißt, sie hatten einen Lkw, sogar mit Laderampe. Der Ausstatter war richtig nett und hatte einen super Requisitenfahrer, und für eine Kiste Bier haben sie die Anrichte aus Wien mitgenommen. Ein bisschen mehr als die Kiste Bier hatte ich ihnen natürlich trotzdem gegeben.
Der Schreiner hatte mir versprochen, am Abend wieder vorbeizukommen, um das Geländer zurückzumontieren, damit die Kinder nicht in Gefahr gerieten. In Wien war auch alles problemlos verlaufen. Die Antique-Halle hatte ganze Arbeit geleistet und alle Glastüren wirklich abgebaut und eingepackt. Jetzt konnte der Mission »Anrichte ins Wohnzimmer« nichts mehr im Wege stehen. Große Vorfreude erfasste mich bei dem Gedanken an Herrn Karls Gesicht, wenn er in der Nacht nach Hause kam und die Anrichte ihm entgegenstrahlte.

Frau Uhlig will ihr Nest zurück

Geschirrfragen stehen bei uns nicht lange im Raum, die Bettenfrage aber schon. Warum ist die Bettenfrage für mich so existenziell und taucht immer wieder auf?
Weil ich mich als Nomade fühle. Ich sehne mich aber nach einem Nest. Vielleicht habe ich mich deshalb so in die Familienbettidee verrannt. Ich habe das Gefühl, im Bett meine Kinder schützen zu können. Mit knapp neunzehn bin ich selber aus dem Nest gesprungen. Heute weiß ich, ich bin eher herausgefallen, und doch war's damals aus eigenem Wunsch. Ich war ja erwachsen, und das wollte ich mir und allen beweisen.
Ich glaube, seit damals bin ich verzweifelt auf der Suche nach meinem Nest. Heimat. Ich habe meine Heimat verlassen und verloren und suche sie letztlich bis heute. Und obwohl ich selbst rastlos, von hier nach da ziehend, nicht genau weiß, wo die Reise hingehen soll, würde ich trotzdem gerne meinen Kindern das geben, was ich selbst als Kind gehabt habe. Ich hatte eine Heimat, ich wusste damals, wo ich hingehörte, ich fühlte mich geborgen und aufgehoben. Ich war in einem stabilen Umfeld, das meine Mutter spinnennetzartig um mich herum gesponnen hatte. Meine Freundinnen waren wie zusätzliche Familienmitglieder. Alles war miteinander verwoben und sicher. Es gab nur ein Problem: Frau Uhlig wollte auf die große Bühne, auf die Bretter, die die Welt bedeuten. Und natürlich einen Oscar gewinnen …

Das hieß springen. Ohne Fallschirm, ohne Netz, im freien Fall. Hauptsache Kunst, egal wo und wie ich leben würde.
Ich wusste, man konnte froh sein, überhaupt an einer Schauspielschule aufgenommen zu werden. Also bewarb ich mich überall, wo es eine gab. Zu der Zeit konnte man auch nicht aus dem Jugendzimmer heraus Influencer werden, man musste schon etwas mehr dafür tun, um berühmt und bekannt zu werden. Es reichte nicht aus, sich mit dem Handy dabei zu filmen, wie man in einen Lippenstift beißt, und das Video online zu stellen. Nein, wir haben das Reinbeißen über Jahre gelernt, die Feinheiten, nicht einfach nur beißen, sonst hätte man auf dem Schauspielmarkt überhaupt keine Chance gehabt. Schauspiel ist eine Passion und ein Beruf, heute wird das gerne verwechselt mit »sich selbst in Szene zu setzen«. Damals, und das hört sich nach einer sehr langen Zeit an, dabei sind es nur knapp zwanzig Jahre, ging man im Theater und im Film beim Casting davon aus, dass die Kandidaten Schauspiel studiert hatten, sonst hatte man keine Chance, engagiert zu werden, geschweige denn, Geld mit dem darstellenden Spiel zu verdienen.
Heute wird einfach gefragt, wie viele Follower man hat. Egal, Fakt ist, für die Follower musst du deine Heimat nicht verlassen.
Ich habe sie verlassen, und das hat mich entwurzelt. Auch ist mein Beruf leider so, dass es einen immer wieder woandershin verschlägt. Immer wieder werden die Zelte an einem anderen Ort aufgeschlagen und muss man sich seine Infrastruktur neu aufbauen. Wenn endlich die Bäckerin meinen Namen weiß, bin ich eigentlich schon wieder weg. Zugegeben, lange Zeit wollte ich gar

nicht sesshaft werden, ich wollte fliegen. Die Aussicht, an einem Ort zu sein, gab mir das Gefühl, stillzustehen, und Stillstand ist für den Künstler der Tod. Ich muss etwas erleben, um Figuren körperlich darstellen zu können; ihre Seelen mit Leben zu füllen, bedeutet Schwerstarbeit. Dass man sich selbst dabei verlieren kann, war mir lange nicht bewusst. Als Schauspieler schlüpfte ich immer in andere Figuren und Charaktere und wusste am Anfang selbst noch gar nicht, wer ich bin und wo ich hingehöre. In diesem ganzen Strudel meines Selbstfindungsprozesses verliebte ich mich zu allem Überfluss auch noch in einen Österreicher, der im Gegensatz zu mir genau wusste, wo seine Heimat ist und wo er hingehört.

Also habe ich versucht, eine neue Rolle anzunehmen, seine Heimat auch meine werden zu lassen. Unseren Kindern ist das gelungen, mir leider nicht. Ich bin eine Stadtpflanze, wurde geboren in der Stadt, bin aufgewachsen in der Stadt, habe studiert in einer Stadt. Ich habe immer in Städten gelebt. Wenn ich von einer Stadt spreche, spreche ich von mindestens 500 000 Einwohnern. In einer Stadt gehe ich nicht verloren.

Auch wenn ich nach meinem Sprung aus dem Nest meine neue Heimat in einer anderen Stadt noch nicht wirklich gefunden hatte, so fühlte ich mich trotzdem in der Stadt relativ geborgen.

Auf dem Land bin ich verloren, die Weite macht mir Angst. Die Dunkelheit in der Nacht macht mir Angst. Der Wald macht mir Angst. Die Geschäfte sind viel zu weit weg. Ich kann auch nicht um den Block gehen, um den Block geht man nur in der Stadt. Ich bin auf das Auto angewiesen. Mein Körper allein reicht nicht, um mich effizient fortzubewegen, geschweige denn mit vier Kindern. Alles ist weit weg. Die Taxinummern kennt man nicht, wenn es überhaupt Taxis gibt. Das nächste Krankenhaus, das nachts eine Kinderambulanz hat, ist so weit entfernt wie Düsseldorf von Köln.

Gut, jetzt könnte man ja sagen, ich bin als Jugendliche auch von Düsseldorf nach Köln gefahren, nur um in den Cinedome, das erste Multiplexkino in Deutschland, zu gehen. Ich bin auch von Düsseldorf nach Oberhausen ins Centro gefahren, weil da doch so eine neue innovative Kleiderkette aufgemacht hatte und ich klamottentechnisch zumindest damals dazugehören wollte. Aber es ist etwas völlig anderes, ob man freiwillig eine Reise tut oder für die täglichen Bedürfnisse quasi eine Weltreise machen muss.

Wie gesagt, die Weite und die Entfernungen auf dem Land machen mir Angst, deshalb war ich auch bei den letzten zwei Schwangerschaften immer schon mal eine Nacht probehalber im Krankenhaus, denn ich wollte unter keinen Umständen meine Kinder auf der B 145 das Licht der Welt erblicken lassen, womöglich auch noch ohne Arzt. Das war selbst Herrn Karl ganz recht, obwohl er ja sonst gerne in jede Rolle schlüpft.

Ich habe mich oft gefragt, warum ich das nicht ablegen kann, die Sehnsucht nach der Stadt. Denn objektiv gesehen müsste es mir auf dem Land viel besser gehen. Ruhe, frische Luft, die Natur, die Entschleunigung, vermehrte Bewegung, keine Ablenkung, Konzentration auf das Wesentliche, die Kinder und ich in Glückseligkeit, der Sonnenuntergang, der Mond, der hinter dem Berg aufsteigt, der sternenklare Himmel, der einen schönen neuen Tag ankündigt. Kein Smog verhängt in dichten Wolken die Sterne, nein, die Kassiopeia strahlt einen an. Ob man sie nachts allein auf dem freien Feld beobachten möchte, ist ein anderes Thema. Einmal habe ich es versucht und hatte dabei das unheimliche Gefühl, gleich könnte von hinten eine Hand nach mir greifen, denn um mich herum war nichts als rabenschwarze Nacht. Auch hätte ich in dieser Dunkelheit nie wieder nach Hause gefunden, wenn die Eltern des Herrn Karl nicht Lichtbewegungsmelder am Haus angebracht hätten, um das Heimkommen überhaupt zu ermöglichen. Die öffentliche Straßenbeleuchtung hörte dort, wo wir gelebt haben, schon auf der Hälfte des Berges auf, der Bürgersteig übrigens schon beim ersten Drittel. Verließ man das Haus bei Dunkelheit, war die Taschenlampe Pflicht, und auch die Warnweste durfte nicht fehlen.

An dieser Stelle rate ich zu einem kleinen Notfallrucksack, den man auf dem Land ab nachmittags immer dabeihaben sollte. Bestückt mit Taschenlampe, Warnweste, Schokoriegel, aufgeladenem Telefon, zehn Euro, einer Flasche Apfelschörlchen und in meinem Fall Notfallbabyschnuller für alle in meiner Familie, die noch Schnuller benötigen. Ach ja, Taschentücher wären nicht schlecht, falls man doch mal Pipi muss.

Und dennoch: Ich habe wunderbare Jahre auf dem Land verbracht. Ich kann sogar fast behaupten, ein bisschen ist es schon zu meiner Heimat geworden. Und doch brauche ich die Stadt. Vielleicht, wenn Herr Karl mehr da gewesen wäre, aber hätte, hätte, Fahrradkette, unser Leben ist so, wie es ist, es gehört zu uns, es gehört zu mir. Es ist, wie es ist, und jetzt müssen wir wieder weg, die Uhlig muss in die Stadt. Auch wenn ich noch keine wirklichen Wurzeln geschlagen hatte, musste ich nun leider die Kinder entwurzeln, und das fiel mir bei Gott nicht leicht. Vielleicht halte ich deshalb so fest an unserem Familienbett, weil das die einzige Heimat ist, die ich ihnen geschaffen habe und die ich konstant für sie halten möchte. Das Bett gibt ihnen Wärme, Geborgenheit und Halt. Böse Zungen behaupten, ich bekäme sie später nicht mehr aus dem Bett. Wir werden sehen …

Ich sag nur, wenn die erste Freundin kommt …

Jedenfalls, um das Thema Landleben abzuschließen: Was andere oftmals als Befreiung empfinden, war in meinen Augen ein entscheidender Nachteil: Man kommt schlecht hin und kommt noch schlechter wieder weg. Auch war der nächstgelegene kleine Bahnhof schon schön, aber eben kein schöner Fernbahnhof, und der nächste Flughafen eine Stunde entfernt war zwar der zweitgrößte Österreichs, aber doch keine Drehscheibe Europas.

Auch bin ich eine Deutsche (von den Österreichern oft Piefke oder Marmeladinger genannt) und finde jenseits der Grenze keine Arbeit, denn der Österreicher bleibt filmtechnisch gerne unter sich. Wäre ich ein Mann, könnte ich zumindest schön das böse deutsche Schlitzohr spielen, der dem Österreicher alles wegnimmt, aber als Frau im Filmgewerbe stoße ich an Grenzen. Man will keine deutsche Geliebte, die der Österreicherin den Mann wegschnappt. Gut, ich bin eher das deutsche massive Trampel, aber das kann man schon gar nicht gebrauchen. Oh, halt, so ehrlich muss ich nun doch sein: Eine große Rolle habe ich mir ergattert, in Eigeninitiative, weil die Dreharbeiten in der Nähe waren und ich die deutsche, in Österreich arbeitende und lebende Produzentin anrief, die mit meiner direkten rheinischen Art, in der ich: »Hör mal, dat gibbet doch nich, ihr dreht hier,

da spielt die Uhlig gleich mal mit« in den Hörer rief, umgehen konnte …
Leider liegen die zwei Staffeln der Serie *Vier Frauen und ein Todesfall* bis heute im Giftschrank des ORF. Mein Hauptarbeitsgebiet befindet sich daher bis heute außerhalb der Grenzen Österreichs. Herrn Karls Arbeitsgebiet befindet sich auch die meiste Zeit außerhalb der Grenzen Österreichs, da der Deutsche einen Narren an Herrn Karl gefressen hat und ihn nicht mehr weglässt, was unser Heimkommen am Abend natürlich erschwert.

Wir sind als Eltern leider mehr unterwegs, als uns lieb ist, wie gesagt die Schattenseite des Berufs. Für Kinder ist es völlig egal, wie viele Nächte man nicht da ist, eine Nacht kann schon zu viel sein. Nicht da ist nicht da, die Mama ist nicht da!! In diesen Nächten weiß ich, dass alle samt Sarita im großen Bett liegen, sich gegenseitig Halt geben und sich so geborgen fühlen. Also habe ich doch mit dem Familienbett alles richtig gemacht.
Es gibt viele Gründe und genauso viele Wahrheiten, und ein wirklich langer Prozess der Entscheidungsfindung lag hinter mir, aber jetzt war es so weit: Wir würden zurückziehen in die Stadt. Nicht weit weg, nicht in den Norden, ganz entwurzeln wollte ich die Kinder ja doch nicht, und Herrn Karl, wie sagt man so schön … Einen alten Baum verpflanzt man nicht, zumindest nicht weit über die Grenze.
Als Jugendliche hatte ich immer gehofft, wenn wir im Süden Urlaub machten, dass ich mich nicht in einen Einheimischen verliebte, denn die Mentalitäten sind verschieden, und die Entfernung wäre zumindest damals zu groß gewesen. Ich wusste das, ich habe einen griechischen Vater. Für viele Deutsche ist Österreich das nah liegende

Nachbarland, aber man sollte sich nicht täuschen. Fakt ist, ich habe mich in einen Ausländer mit Heimatverbundenheit verliebt und habe mit ihm vier Kinder.
So, und nun, und da ich so einen tollen Menschen an meiner Seite habe, haben wir uns zusammengesetzt und gesprochen und gesprochen und gesprochen, über das Land und über die Stadt, und da ich für ihn aufs Land gegangen bin, würde er nun für mich in die Stadt gehen. Und dann haben wir wieder gesprochen und dann haben wir gesucht und wieder gesprochen. Und schließlich hatten wir eine Stadt in meinem Land gefunden, mit der der Österreicher sehr gut leben kann. Mentalität und Sprache unterscheiden sich hier kaum, auch ist das Wetter immer gut, sagt man, und die Nähe zu Italien nicht zu verachten. Außerdem ist es die einzige deutsche Großstadt, von der man nicht nur das österreichische Domizil am Wochenende gut erreichen kann, nein, auch das Skigebiet für Tagesausflüge mit dem Auto liegt in vernünftiger Entfernung. Es werden dem umliegenden Bundesland vom Österreicher sogar ein paar große Skifahrer zuerkannt. Gut, wenn man's genau nimmt, zogen wir nach Bayern und nicht nach Deutschland zurück.
Ein zusätzlicher großer Pluspunkt der zukünftigen neuen Heimat: Es gibt einen Fluss in der Stadt, die Isar, in der man fischen kann und die dafür auch berühmt ist. Herr Karl war im Glück.
Ja, dorthin würden wir ziehen, wir waren quasi schon auf dem Weg, und die eigentliche Heimat der Kinder – das Familienbett – werde ich den Kindern auch dort bauen. Ich baue es einfach noch mal neu, denn das andere wird in Österreich – unserem alten Zuhause und nun Feriendomizil – bleiben. Ich hoffte, nun würde auch ich zur

Ruhe kommen und sesshaft werden. Irgendwann wird es Zeit, ich werde ja nicht jünger.
Pro forma werde ich Herrn Karl fragen, ob er mit den gleichen Betten für das Familienbett in der neuen Wohnung einverstanden ist, dann hat er das Gefühl, bei der Bettenfrage doch mitzuentscheiden.
Aber zuvor widme ich mich dem nach wie vor ungelösten Problem des Internet- und Telefonanschlusses.

Frau Uhlig ist entzückt

Es klingelte an der Wohnungstür. Ungläubig schaute ich auf meine Armbanduhr. Konnte das sein? Es war Schlag 12 Uhr. Highnoon. Auf die Minute genau. Es klingelte wieder. Ich riss mich aus meiner Schockstarre, so fassungslos war ich über diesen Moment. Schnell nahm ich den Hörer der Gegensprechanlage aus der Halterung: »Hallo, hallo, ist da wer?«

»Ja, hallo, Telekom. Wir haben einen Termin.«

»Super. Ich drück auf.«

Es war passiert. Die Telekom war pünktlich. Kein Wunder, dass ich so aus der Fassung war. Aber es war geschehen.

Das Wunder hatte drei Tage zuvor begonnen, als ich noch auf dem Berg in Österreich weilte, und zwar begann es genau in dem Moment, als das Telefon unvermittelt klingelte und ich einen Telekom-Techniker am Apparat hatte. Nach der ganzen Odyssee auf der Autobahn hatte ich nicht mehr daran geglaubt, dass ich mit der Telekom noch irgendwie weiterkommen würde. Aber dann war ein Techniker höchstpersönlich in der Leitung, niemand, der mich weiterverbinden und in die Warteschleife legte, sondern jemand, der mit mir einen Termin ausmachen wollte. Er wollte auch persönlich kommen, also ein und dieselbe Person. Das fand ich schon alles unglaublich. Er gab mir eine Handynummer, das nächste Wunder, keine Hotline-Nummer, falls ich mich bei unserem ausgemachten Termin in drei Tagen verspäten würde. Er wollte nämlich einen festen Termin und kein Zeitfenster. Damit hatte ich nicht gerechnet. Wie denn auch? All die vergangenen Jahre war es immer anders gewesen, egal in welcher Stadt ich mit der Telekom in Kontakt trat, um Anschlüsse zu legen.

»Warum wollen Sie mir Ihre Handynummer geben?«

Eine peinliche Stille entstand, aber ich musste ihn das fragen. Noch nie hatte ich eine Handynummer von einem Telekom-Techniker erhalten. Der Mann räusperte sich zweimal am Telefon und erklärte: »Aber Sie haben doch gesagt, Sie reisen für diesen Termin extra zwei Stunden an. Da kann ja was mit dem Verkehr eng werden, und deshalb dachte ich mir, es ist günstiger, wenn Sie mich direkt erreichen.«

»Natürlich! Klar! Gut mitgedacht!«

Wieder entstand eine peinliche Stille. Egal was ich noch sagte, ich würde das Telefonat nicht mehr richtig retten können … Ich glaube, er fand mich auch komisch. Ich hätte mich komisch gefunden.

Auf meine Frage, ob er denn auch ganz sicher kommen würde, sagte er schnell ›Natürlich‹ und als Sicherheit würde er mir am Tag unseres Termins bis spätestens 8.30 Uhr eine SMS schicken und diesen nochmals bestätigen, somit hätte ich noch genug Zeit, ins Auto zu steigen und anzureisen. Die SMS erhielt ich tatsächlich. Aber ich bin halt ein gebranntes Kind und rechne bei der Telekom immer mit dem Schlimmsten.

Doch jetzt war alles anders. Wie gesagt, ein Wunder. Es klingelte erneut, und ich riss die Wohnungstür auf. Da war er. Wahnsinn. Wunderbar. Mir fehlten die Worte. Ich stand einfach nur da und schaute ihn an. Im Film würde jetzt Musik einsetzen.

»Ist er das?«, hörte ich es von hinten rufen, und die Musik wurde jäh gestoppt. Meine Freundin war ebenso ungläubig mit meinem Baby auf dem Arm aufgetaucht.
»Tatsächlich! Ein Wunder ist geschehen!«, meinte meine Freundin lakonisch.
»Ja«, hauchte ich, noch immer den Techniker anstarrend. Ich musterte ihn von oben bis unten, er hatte auch zwei Werkzeugkoffer dabei. Er war wirklich gekommen. Wirklich. Mit Werkzeug. Nun würde alles gut werden, ich spürte es. Er hatte meinen Blick bemerkt.
»Ist es okay, wenn ich die zwei Koffer erst mal hier abstelle, um den Rest zu holen?«, fragte er mit tiefer Stimme.
»Den Rest?«, flüsterte ich. Ein Schauer durchzog meinen Körper. War das nicht herrlich? Er wollte sich wirklich des Problems annehmen.
»Ich kann den Rest auch später holen. Schauen wir erst mal, wo der Schuh drückt. Aber natürlich hab ich alles dabei, was wir brauchen könnten.«
»Sie sind, Sie sind, …«
»Uhlig!«, hörte ich barsch. »Möchtest du den Herrn nicht erst einmal hereinbitten und einen Kaffee anbieten?«, half meine Freundin mir aus meinem Gestammel heraus. »Und du«, sie schaute streng zu mir, »du weißt doch, du musst jetzt zu dem Synchrontermin. Ich bleibe hier mit der Maus, falls er mich braucht.«
»Super. Genau so wird's gemacht.« Ich hatte mich wieder im Griff. Wäre ja auch gelacht, dass mich die Telekom so aus der Fassung bringt, dass ich gar nichts mehr auf die Reihe kriege, nur weil sie pünktlich ist, den Termin einhält und ich eine Handynummer für den Notfall bekommen habe. Hier stand nicht Superman vor mir, Superman

drehte gerade … und hätte für die Telekom überhaupt keine Zeit übrig.
»Herr Varga, richtig?« Er nickte. »Meine Freundin wird sich um alles kümmern, ich muss jetzt weg zu einem Termin, den ich leider noch reinbekommen habe, aber wir haben ja schon alles am Telefon besprochen, das Problem ist bekannt. Falls doch noch Probleme auftauchen sollten, kann man mich per Handy erreichen.« Was natürlich nicht stimmte, wenn ich mich im Synchron befand. Aber was sollte passieren? Der Techniker schien ohnehin so gut ausgerüstet zu sein, dass er die ganze Straße neu verlegen könnte. Zumindest hatte es den Anschein, und dabei würde ich ihm ohnehin nicht helfen können.
»Danke, Liebe!« Ich drehte mich zu meiner Freundin, und mit den Worten »Mama beeilt sich« warf ich meiner Maus auf ihrem Arm einen Handkuss zu. Ich schnappte meine Handtasche und den Mantel, rief dem Techniker noch »Wenn was ist, Sie wissen Bescheid« zu und war aus Wohnung. Sollte er sich mit dem Problem ›Wie bekommen wir Telefon und Internet in die Wohnung?‹ alleine herumschlagen. War auch besser für meine Nerven.
Völlig losgelöst von der Erde, fliegt das Raumschiff …
Völlig losgelöst von der Telekom, fliegt die Uhulig jetzt zum Synchrohohonn, jetzt zum Synchrohohonn …
Zwei Stufen auf einmal nehmend verließ ich das Haus. Ach, was für ein herrlicher Tag! Darüber hatte ich auch längst die Auseinandersetzung mit Herrn Karl über die erneute Bettenfrage am Tag zuvor vergessen.

Frau Uhlig versteht die Welt nicht mehr

Uhlig, ich hätte halt gerne wieder Futon.«

»Wie Futon?«

»Du hast mich gefragt, und ich gebe dir eine Antwort, Uhlig.«

»Ja, aber doch nicht Futon, Karl.«

»Wieso nicht, Uhlig?«

»Weil ich dreiundvierzig bin und du fünfzig!«

»Dann wird es ja höchste Zeit, Uhlig!«

»Aber Karl, wir haben uns doch in unserem Gespräch auf Boxspringbett geeinigt.«

»Wir haben noch gar nicht darüber gesprochen, Uhlig. Gerade hast du mich das erste Mal gefragt, auf welchem Bett beziehungsweise Matratzensystem ich in unserer neuen Wohnung schlafen möchte, und darauf habe ich dir eine Antwort gegeben.«

In mir schrie alles. Oh Gott, ich wollte ihn doch nur pro forma fragen, einfach schnell das Thema Familienbett ansprechen. Sagen ›Wir bestellen das gleiche wie in Österreich noch mal, richtig?‹ Und damit fertig. Aber nun war die Katastrophe eingetreten. Ich musste ihn noch mal fragen, ob ich alles richtig verstanden hatte.

»Du hast Futon gesagt, Karl?«

»Ja, das war meine Antwort auf deine Frage.«

»Okay, verstehe. Du willst also auf Futon schlafen. Auf hartem, unnachgiebigem Futon, am besten auch noch auf dem Boden auf Tatami-Reismatten. Sehe ich das richtig, Karl?« Herrgott, was war denn in ihn gefahren?

»Uhlig, das klingt gerade so, als würde ich dich zwingen, auf einem Brett am Boden zu schlafen.«
»So fühlt es sich gerade auch an, Karl.«
»Meine Liebe, darf ich dich daran erinnern, dass wir fast zehn Jahre hervorragend auf einem Futon auf Tatami-Reismatten am Boden geschlafen haben, bis du diesen Spleen mit dem Boxspring bekommen hast. Und dann nicht nur mit einem Bett, sondern gleich mit mehreren zusammen ein Lager gebaut hast.«
»Mein Lieber, darf ich dich daran erinnern, dass ich, schwanger mit Prinzessin, vom Futon auf den Tatami-Reismatten am Boden nicht mehr hochkam. Außerdem habe ich kein Lager gebaut, im Gegenteil, ich wollte weg vom Lager. Ich halte das Lagern nicht mehr aus. Ich wollte ein Familienbett. Das ist ein großer Unterschied zu einem Lager. Futons oder Matratzen auf Tatami-Reismatten am Boden nebeneinander, das wäre ein Lager gewesen. Aber wir sind hier nicht in Goa, wir sind …«
»Uhlig, wieso Goa? Wirfst du jetzt nicht schon wieder etwas durcheinander?«
»Was heißt denn hier ›schon wieder‹, Karl?«
»Uhlig, wollten wir jetzt nicht über unser zukünftiges Bett reden?«
»Genau, Karl, aber du schweifst schon wieder ab. Ich wollte dir zeigen, was ich ausgesucht habe, bis du mir mit dem Futon gekommen bist.«
»Weil du mich gefragt hast, worauf ich schlafen möchte, Uhlig. Ich schlaf auf allem gut, bitte bestell, was du für richtig hältst. Nur Boxspring mag ich weder von der Höhe noch vom Liegen, ich schlaf halt lieber auf Futon, auf ganz einfachem Futon, Uhlig.«
Schweigen.

Frau Uhlig ist entsetzt

Futon. Wie waren wir dort hingekommen? Es arbeitete in mir. Ich bin ja nicht uneinsichtig, das ist ja das Tolle an mir. Aber Futon, war das sein Ernst? Wie konnte er mich jetzt in eine derartige Krise stürzen? Die Bettenfrage für die Stadt war doch eigentlich schon so gut wie geklärt. Sollte ich noch einmal umdenken? Sollte ich unser Bettensystem schon wieder komplett überdenken? Schließlich ist ja der Schlaf das Heiligste, so sagt man. Aber Futon. Schon bei dem Gedanken tat mir der Rücken weh. War ich voreingenommen? War unser damaliger Futon einfach nur zu alt und mit den Jahren zu hart geworden?

Gut, nun hatte sich Herr Karl ohnehin schon aus dem Gespräch verabschiedet, weil just in dem Moment, als er mir erklärte, dass er Boxspring nicht so gerne mochte, gottlob sein Agent anrief. Klaus! ... Wenigstens hatte ich nun die Möglichkeit, das Ganze noch einmal zu überdenken beziehungsweise das Problem noch einmal von allen Seiten zu beleuchten.

Ich schlich ins Gästezimmer, unser alter Futon auf den Tatami-Reismatten bekam dort sein Gnadenbrot und musste nur noch für Gäste oder gelegentlich die Buben herhalten. Aber heute werde ich ihn in Anspruch nehmen, dachte ich. Ich werde jetzt die Tür zumachen, noch blieben mir gute zwei Stunden, bis die Buben und Prinzessin von den verschiedenen Aktivitäten namens Schule und Kindergarten wiederkehren würden, und Madame

Maus schlief friedlich in der Wiege. Diese Zeit würde ich nun nutzen, mich auf dem Futon niederzulassen, um die Bettfrage, die mich in meinem Leben schon so oft beschäftigt hatte und die jetzt wieder brandaktuell war, zu klären.

Frau Uhlig hat entschieden

Uhlig, willst du den ganzen Tag verschlafen?«
Ich schreckte hoch. »Ich schlafe nicht, ich teste.«
»Was denn, Uhlig?«
»Na, deine Idee vom Futon.«
»Weißt du, Uhlig, da bin ich jetzt raus, das überlasse ich alles dir.«
»Aber möchtest du in unserem neuen Domizil in München wirklich nicht mehr so ein schönes Schlafzimmer mit Familienbett haben wie hier, Karl?«
»Ich möchte, dass die Kinder in ihren eigenen Betten schlafen.«
»Das hatten wir doch schon!«
»Eben.«
»Weißt du, Karl, ich möchte nicht immer über das Gleiche diskutieren, das langweilt mich.«
»Das sagt die Richtige, Uhlig!«
»Nein, Karl, hör zu. Ich habe jetzt die Zeit genutzt, den Futon noch mal geprüft und über mein Leben mit den Betten nachgedacht und bin zu dem Schluss gekommen, …«
»Dass du hervorragend zwei Stunden auf dem Futon geschlafen hast!«
Schweigen.
Ich holte tief Luft.
»Ich bin bereit, mich noch mal komplett neu auf dich einzulassen. Ich mach das jetzt. Alles, was ich arrangiert habe, lasse ich jetzt außer Acht. Ich werde neu recher-

chieren, meine Zeit opfern, um uns möglicherweise, wenn ich das körperlich aushalte, auf den Boden zurückzubringen. Dazu bin ich bereit, aber ich werde nicht abweichen von einem halbwegs großen Bett. Es wird eh leider schon nicht mehr so groß, wie ich es gerne hätte, da der Platz von der Breite her nicht reicht. Vielleicht, wenn wir Glück haben, schaffen wir noch eine Breite von 3,40 Meter, das ist aber auch das Ende der Fahnenstange.«

Schweigen.

»Bist du sicher, dass 3,40 Meter passt?«

»Doch, das passt! Ich hab's ausgemessen!«

Frau Uhlig war im Flugmodus

Acht verpasste Anrufe in den letzten Stunden, mir schwante Unheilvolles. Gerade war ich aus dem Synchronstudio getreten und hatte mein Handy eingeschaltet. Bevor ich überhaupt die Möglichkeit hatte zurückzurufen, klingelte es erneut.

»Uhlig, Herrschaftszeiten! Wo bist du? Wo steckst du? Du hast doch gesagt, du bist erreichbar.«

»Wääää, wäää.«

»Entschuldige, Liebe, da drin war kein Empfang.« Besser jetzt eine kleine Empfangsnotlüge, dachte ich, denn ich hatte das Gefühl, sie war sehr verstimmt, Quatsch, gestresst.

»So, ich gebe dir jetzt den Herrn Varga, der erklärt dir das Problem.«

»Wääää, wäää«, hörte ich im Hintergrund die Maus schreien.

»Uhlig!«, rief meine Freundin noch mal von Weitem ins Telefon. So kannte ich sie sonst gar nicht, die Nerven schienen richtig blank zu liegen.

»Wääää, wäää!!!«

»Außerdem musst du jetzt sofort kommen, sofort! Bitte! Flieg jetzt bitte oder, noch besser, beam dich hierher!«

»Wääää, wäää!!!«

»Ich hab die abgepumpte Milch verschüttet!«

Oh Gott, der Schreck fuhr mir in die Glieder. Mein armes Baby, meine Maus. Mir schoss augenblicklich die Milch ein.

»Frau Uhlig, Folgendes«, hörte ich Herrn Varga durchs Telefon. Im Hintergrund wurde meine Maus immer lauter.
»Ich muss alles neu verkabeln. Alles. Das dauert. Aus irgendeinem Grund ist der Anschluss nicht mehr in der Wohnung, das heißt, die Leitung liegt nicht mehr.«
»Wie, die Leitung liegt nicht mehr?«, unterbrach ich ihn.
»Frau Uhlig. Bis in den Keller ist alles safe. Gott sei Dank. Aber von dort müssen wir neu in die Wohnung. Es kann sein, dass die Leitung liegt und irgendwo unterbrochen wurde. Aber das zu finden, das ist Wahnsinn.«
»Wäääa, wäää.«
»Besser, wir ziehen neu.«
»Herr Varga!«, mir rauschte der Kopf, unablässig hörte ich die Maus schreien. »Hören Sie, ich kann mich so überhaupt nicht konzentrieren! Ich komme, wir besprechen alles gleich, wenn ich da bin, ja?«
»Wäääa, wäää.«
»Uhlig«, hörte ich meine Freundin schreien, »hör auf zu quatschen, beweg deinen Hintern hierher!«

Ich erinnere mich nicht mehr, wie ich an diesem Tag zu meiner Maus gekommen bin. Ich glaube, ich flog. Jedenfalls lag ich kurz darauf stillend mit dem Baby in der leeren Wohnung auf der mitgebrachten Wolldecke am Boden und genoss kurz die Ruhe. Meine Freundin war mit Herrn Varga schon eine gefühlte halbe Stunde im Keller. Sie hatte sich bereit erklärt zu helfen, denn der Telekom-Techniker-Kollege, der zu Hilfe gerufen wurde, kam von einem anderen Auftrag nicht weg. Irgendetwas, das ich nicht verstand, musste noch geprüft werden in jeder Etage, und wenn gar nichts mehr ginge, wollte man die Leitung neu ziehen. Meine Freundin war im Glück …

Ich schaute auf meine Maus und strich ihr über den Kopf. Wie schade, dass wir noch kein neues Bett hatten.

»Diesmal wird sich die Mama selbst übertreffen, das verspreche ich dir. Es wird besonders, auf der Rückfahrt nach Österreich probieren wir nachher was aus.« Wieder strich ich meiner Maus über den Kopf. »Der Papa hat uns ja darum gebeten.«

Frau Uhlig bringt schon mal Möbel hin

Uhlig?!«

»Was denn, Karl?«

»Kommst du mal kurz?«

»Warum?«

»Das kann doch nicht dein Ernst sein, komm doch jetzt raus aus dem Bad!«

»Karl, kann ich bitte kurz zu Ende Pipi machen.«

»Ja, aber nur kurz.«

Himmelherrschaftszeiten, jetzt war auch noch das Klopapier aus, schrecklich, einfach nur schrecklich.

»Hallo, kann mal jemand kommen? Hallo!«

»Was denn, Uhlig?«, hörte ich wieder Herrn Karl, bereits genervt.

»Ich brauche Klopapier«, versuchte ich, leise in Richtung Tür zu flüstern.

»Was brauchst du?«

»Klopapiiier.«

»Was? Ich versteh nichts. Red doch deutlicher!«

»Klopapier«, schrie ich verzweifelt, »verdammter Scheiß, ich brauche einfach Klopapier!«

Schweigen.

»Wo ist das denn?«

»Na, im Karton, wo Bad draufsteht.«

»Uhlig, es hat geläutet, ich kann jetzt nicht.«

Na wunderbar, jetzt sitze ich auf dem Klo fest.

»Hallo, hört mich sonst jemand? Hallo!«

»Liebes, was gibt es denn?«, hörte ich Elenita, meine

liebe Freundin, gute Seele und liebevoll helfende Hand, die mir auch in Kinderbetreuungsnotfällen immer wieder ohne Wenn und Aber zur Seite steht.
Gottlob, wenigstens eine nahm sich meiner an.
»Elena, Liebe, ich brauche Klopapier.«
»Aber Liebes, da brauchst du doch nicht so zu schreien! Das habe ich vorhin eingeräumt, das ist vor dir, in diesem Schränkchen. Ich habe das aus dem Karton, wo Bad draufsteht, eingeräumt.«
Na wunderbar, wenigstens eine, die mitdachte. Trotzdem sehr peinlich, dass nun auch der Rest der Umzugsmannschaft da draußen wusste, dass ich Klopapier brauchte. Ich warte jetzt einfach noch ein bisschen, bis sich die Peinlichkeit verflogen hat, beschloss ich.
»Liebes, hast du's gefunden?«, hörte ich es von der Tür her.
»Ja«, hauchte ich.
»Hast du das Klopapier jetzt?«
»Elenita, bitte, ich komme gleich.«
»Ist die immer noch da drin?«, hörte ich nun Herrn Karl von der Tür her schnaufen. »Uhlig, jetzt aber Schluss, komm raus da jetzt, ich brauch dich unten. Die Möbelpacker sind da.«
»Gleich.«
»Was?«
»Ich komme ja schon.«
»Du kommst jetzt, wir haben nämlich ein richtiges Problem. Die Möbelpacker denken, Matteo und ich sind der dritte und der vierte Mann.«
Ich schloss die Tür auf: »Was ist los?«
»Das hast du genau verstanden, du kommst jetzt mit runter.«

»Aber Karl, ihr müsst gar nix machen.«
»Dann erklärst du das den Männern da unten.«
»Wieso, tragen die nicht, oder was?«
»Im Moment machen die gar nix. Die Einzigen, die schleppen, sind Matteo und ich. Überleg dir schon mal, wie du das wiedergutmachen willst.«
»Aber ich muss mir gar nichts überlegen, ich habe doch Möbelpacker engagiert.«
»Zwei, Uhlig.«
»Ja und? Was ist das Problem?«
»Wir sind im vierten Stock!«
»Aber wir haben doch kaum was mit, Karl.«
»Das klärst du jetzt mit denen da unten, Uhlig.«
»Ich muss gar nichts klären, die sollen jetzt anfangen zu schleppen.«
»Ja genau, sag das denen persönlich. Ich bin die falsche Adresse.«
In diesem Moment kam uns im zweiten Stock Matteo mit hochrotem Kopf, eine Kiste in den Armen, entgegen. Herr Karl nahm sie ihm ab, Matteo drehte um und lief wieder nach unten. Herr Karl schaute mich giftig an: »Und das nur, weil du sparen wolltest. So unsere Freunde auszunutzen, wirklich wahr. Wie kann man das so schlecht organisieren? Und dann auch noch an diesem Wochenende. Das ist nicht gut durchdacht, Uhlig, wirklich nicht.« Und damit drehte er auf dem Absatz um und lief mit der Kiste nach oben.
»Sag mal, Karl, geht's noch bei dir? Ich wollte überhaupt nicht sparen. Ich habe mit dem Chef der Umzugsfirma lange darüber gesprochen, was wir heute alles mitbringen, und ich habe auch gesagt, dass wir keinen Fahrstuhl haben. Und da haben er und ich entschieden, dass es Sinn

macht, nur zwei Leute zu nehmen, bei dem bisschen, das wir mithaben.«
»Dann trag du doch das bisschen selber rauf, Uhlig!«
Herr Karl stellte wütend den Karton auf der Halbtreppe über mir ab.
»Wie kann man nur zwei Leute nehmen beim vierten Stock? Du denkst doch sonst immer mit.«
Jetzt wurde ich wirklich wütend. »Mach ich Umzüge oder die? Wenn der Chef mir sagt, zwei Leute – geht schon, ich hätte auch vier nehmen können, wäre auch der gleiche Preis gewesen, ob nun vier Leute die halbe Zeit oder zwei die doppelte …«, pöbelte ich Herrn Karl an. Langsam lagen auch meine Nerven blank.
»Uhlig, ich bin die falsche Adresse, klär das unten. Ich schleppe jetzt weiter Kisten hoch, sonst werden wir hier nie fertig.« Herr Karl packte die Kiste wieder und marschierte los.
Herrschaftszeiten, dachte ich, der Mann kann so stur sein, wenn er will, da hört er mir gar nicht zu. Ich kann ja alles erklären, und dann ist es auch logisch.
»Und außerdem, Karl, hätten wir keinen besseren Zeitpunkt für den Umzug finden können, denn du drehst ja immer, und an dem Wochenende, das besser geeignet gewesen wäre, war der Herr ja fischen, weil der Wasserstand so schön war. Und du weißt, dass dummerweise am kommenden Montag unser alter Bus wegkommt, und wann der neue geliefert wird, ist ungewiss und steht in den Sternen. Wie hätte ich das denn anders planen sollen? Ich hatte das Ganze vor zwei Monaten geplant, da war von deinem Dreh noch keine Spur! Aber der Monsieur muss ja wieder einmal drehen, er wird ja überall gebraucht.«

»Und die hier?«, hörte ich Matteo neben mir schnaufen.
»Die geht ins Kinderzimmer, aber die kann doch der Möbelpacker tragen!«
»Der trägt nur schwere Sachen.«
»Was?«
»Und er sagt, erst müssen die Kisten weg.«
Fassungslos schnappte ich nach Luft. Wut wallte in mir auf, denen würde ich jetzt aber die Meinung geigen. Ich wandte mich zu Matteo.
»Ich geh jetzt runter zu diesen Möbelpackern, denen werde ich was erzählen. Ich danke dir, Matteo. Ich danke dir wirklich sehr, so war das alles nicht ausgemacht, ich kläre das jetzt.«
»Aber, Uhlig«, Herr Karl war wieder auf dem Treppenabsatz aufgetaucht, »so, dass sie nicht nach Hause fahren. Denn dann haben wir ein richtiges Problem!«

Frau Uhlig klärt auf

Ich habe schon diverse Möbelpacker erlebt, aber den Herrn, auf den ich nun auf der Straße traf, hätte man eher bei *Deutschland sucht das Supermodel* vermutet. Er hätte auch Banker oder Versicherungsmakler sein können, nur heute nicht im Anzug. Hochmütig und süffisant lächelnd schaute er mich an. Seine Körperhaltung und seine Feingliedrigkeit erinnerten mich an einen arabischen Scheich.

»Hallo, ich bin die Uhlig«, sagte ich, »wir haben vorhin telefoniert.« Ich reichte ihm die Hand.

»Das ist ein Umzug für mindestens vier Leute. Zu zweit geht das nicht. Da machen wir uns die Knochen kaputt. Beim vierten Stock ohne Lift macht man immer eine Kette, damit es nicht zu anstrengend wird. Mit zwei Mann kann man das nicht machen.« Nun erst reichte er mir seine Hand, und ich verstand Herrn Karl.

»Herr, Herr?«

»Aliara.«

»Herr Aliara, hören Sie, ich habe mit dem Mett, Ihrem Chef, alles besprochen. Habe ihm erklärt, wie viel wir haben, und er meinte, das geht gut mit zwei Leuten.«

»Nein, das geht nicht gut mit zwei Leuten, das kann man nicht machen.«

»Was kann man nicht machen?«

»Diesen Umzug.«

Ich schnappte innerlich nach Luft. »Wie meinen Sie das?«

»Gute Frau, der Umzug geht nicht zu zweit.«

»Ja, aber ich habe das doch nicht extra gemacht, nur zwei Leute zu bestellen.«
»Aber zu zweit geht das nicht.«
Aus den Augenwinkeln sah ich, wie Matteo sich die nächste Kiste schnappte und wieder ins Haus verschwand.
»Ja, und was machen wir jetzt?«, fragte ich hilflos.
Herr Aliara schaute mich herablassend an.
»Wie gesagt, man braucht einen dritten und einen vierten Mann, um eine Kette zu bilden.«
»Gut«, unterbrach ich diesen Schnösel, »dann holen wir halt einen dritten und einen vierten Mann dazu.«
»Nein, heute ist Samstag.«
»Und?«
»Samstagnachmittag erreichen Sie keinen mehr. Die haben alle einen Umzug auf dem Buckel, dann gehen die nach Hause. Also entweder sind meine Kollegen noch beim Umzug oder sie haben schon Feierabend.«
»Ja, und jetzt?«, fragte ich lauernd.
»Zu zweit geht das nicht.«
»Gut, das haben Sie schon gesagt, Herr Ali. So kommen wir nicht weiter. Ich werde jetzt den Mett anrufen.«
»Aliara, gute Frau. Der Chef ist am Wochenende auch nicht erreichbar.«
»Herr Aliara, was tun wir denn jetzt? Ich habe ein kleines Baby oben, mein Mann hat's im Rücken, wir müssen heute noch mit leerem Auto zurück nach Österreich fahren. Ich bitte Sie inständig …« So, Uhlig jetzt auf den Boden. »Ich flehe Sie an, uns jetzt zu helfen.« Ich kotze gleich, ich hasse so etwas, fluchte ich in mich hinein. Nicht, dass ich nicht um Hilfe bitten konnte, aber hier wurde meine Notlage nicht nur schamlos ausgenutzt,

sondern ignoriert. Der Mann benahm sich wie eine Diva, die man mit falschen Versprechungen hierhergelockt hätte. War die Situation nicht eine andere? War ich nicht diejenige, die eine Dienstleistung gekauft hatte, die mir jetzt verwehrt wurde und auf die ich zwingend angewiesen war?

»Gute Frau, ich bin nicht engagiert, um Ihre Kisten und Kleinteile vier Stockwerke hochzuschleppen. Damit mache ich mich müde und den Rücken kaputt. Wir sind hier für vier große Teile engagiert worden.«

»Aha, da scheint also der Hase im Pfeffer zu liegen, da ist anscheinend ein Fehler in der Kommunikation gewesen, hier zeigt sich das Missverständnis, ganz klar.« Lauernd schaute ich Herrn Aliara an. Noch mal würde ich mich nicht vor diesem hochnäsigen Fratz in den Staub werfen. Da hörte ich Herrn Karls klare, sonore Stimme hinter mir.

»Es wäre ganz toll, wirklich sehr toll, wenn Sie uns helfen könnten, die Sachen hochzutragen. Wir schaffen das alleine nicht. Möchten Sie vielleicht erst mal etwas zu trinken?«

Wie konnte er mir buchstäblich so in den Rücken fallen?

»Gern einen Kaffee«, antwortete Herr Aliara nun in einem ganz anderen, freundlichen Ton.

»Fein, den nehme ich auch. Uhlig, holst du bitte Kaffee beim Bäcker? Und frag doch auch oben nach, wer sonst noch einen möchte.«

So, jetzt einfach nur tief durchatmen, den eigentlich angebrachten Streit vom Zaun zu brechen brachte heute gar nichts. Schweigen, tief durchatmen und die Ruhe bewahren, dem Karl würde ich später den Hals umdrehen, versuchte ich mich selbst zu beruhigen. Mit verächtli-

chem Blick eine Verbeugung andeutend entfernte ich mich mit gesenktem Haupt, damit er auch schön merken würde, wie dumm er mich hatte dastehen lassen vor dem ägyptischen Pseudoscheich.
Und wo ich schon mal beim Halsumdrehen war, nahm ich Mett gleich mit auf die Liste. Aus den Augenwinkeln sah ich Herrn Aliari mein Metallschränkchen begutachten. Gut, Schränkchen war vielleicht ein bisschen untertrieben, aber diese abschätzigen Blicke hatte es nicht verdient. Vermutlich maß er mit den Augen das Gewicht. Dem würde ich auch noch den Hals umdrehen.
»Liebes, bist du noch unten? Ich glaube, Madame Maus braucht ein Schlückchen. Oh, mein süßes, süßes Babylein hat Hunger. Liebes, hörst du mich?«
Wo kam das denn her?
»Liebes, was ist mit dir? Kommst du bitte!«
Ah, die Gegensprechanlage, Elenita wusste sich zu helfen …
»Bin schon auf dem Weg!«, rief ich der Klingel zu.
»Uhlig! Kein Gang ein leerer Gang!«, sagte Herr Karl und drückte mir eine Kiste in die Hand. »Aber bleib nicht zu lange, denk an unseren Kaffee!«
Nicht nur den Hals, dachte ich, nicht nur den Hals!

Frau Uhlig hat die Faxen dick

Anstrengend war so ein Umzug. Ich hasse Umzüge. Eigentlich habe ich auch schon viel zu viele gemacht in meinem Leben, das erklärt immerhin meine Nestlosigkeit, aber dieser Umzug mit den täglichen Notwendigkeiten aus Oberösterreich gestaltete sich besonders schwierig. Hätte ich doch nur das Riesensofa und den Riesenspiegel nicht mitgenommen, hätten wir auch diese lamentierenden Umzugsleute nicht gebraucht, da wir eigentlich ohnehin neu einrichten mussten.Oberösterreich sollte als Landsitz bestehen bleiben, und für die anderen Teile hätte auch unser Bus gereicht.

Unsere Freunde hätten nicht mit dem ausgeliehenen Sprinter mitfahren müssen, und wir hätten keine zwei zusätzlichen Möbelpacker gebraucht. Gut, aber nun steckte der Karren richtig tief im Dreck, also blieb nichts anderes übrig, als das Beste aus den zwei Möbelpackern herauszuholen. Apropos, wo war überhaupt der zweite Mann?, fragte ich mich verärgert, den hatte ich noch gar nicht gesehen. Ich stand endlich beim Bäcker, um den bestellten Kaffee zu holen, nachdem ich die Maus beruhigt, gestillt und gewickelt hatte.

Als ich endlich an der Reihe war, klingelte mein Handy: »Uhlig, wo bleibst du denn? Wir sind fertig, und die Möbelpacker wollen ihr Geld!«

Wunderbar, jetzt stresste der Mann weiter.

»Ich hol Kaffee, Karl!«

»Ah, werden die Bohnen frisch geröstet?«

»Hä?«
»Vergiss es, Uhlig, beeil dich bitte!«
»Ich kann nicht fliegen, Karl!«
»Ich weiß, Uhlig. Das ist ja das Problem. Warte mal kurz, es klingelt schon wieder an der Tür.«
»Wieso soll ich denn jetzt warten, ich kann doch auch auflegen, ich bin ja gleich da.« Da er mir eh nicht zuhörte und ich endlich an der Reihe war, legte ich auf. Umgehend klingelte wieder das Telefon, entschuldigend schaute ich die Bäckereiverkäuferin an.
»Karl, ich bin jetzt dran«, sprach ich schnell ins Telefon.
»Uhlig, du kommst jetzt sofort!«
»Karl …« Weiter kam ich nicht.
»Sofort!«
»Und was ist mit dem Kaffee?«
»Vergiss den Kaffee! Hier stehen vier Mann, die wollen Betten liefern.«

Frau Uhlig sieht Land

Das passt nicht!«

»Doch, das passt!«

»Nein, Uhlig, das passt nicht!«

»Doch, das passt, Karl! Ich hab's ausgemessen.«

»Wo ist der Zollstock, Uhlig?«

»Da brauch ich keinen Zollstock, Karl. Das sehe ich mit bloßem Auge.«

»Hast du etwa mit bloßem Auge die Betten bestellt?«

»Nein, Karl, natürlich habe ich gemessen. Aber ich muss das jetzt nicht nachmessen, ich hab's ja schon ausgemessen. Und das passt!«

»Uhlig, wo ist der Zollstock?«

»Ich weiß es nicht, Karl.«

»Entschuldigung, kommen die Betten jetzt hier rein?« Vor mir stand ein heftig, wirklich sehr heftig keuchender Mann.

»Nein, nicht alle Betten. Nur zwei kommen hier rein, der Rest geht hinten in die Zimmer. Wenn ich Ihnen das kurz zeigen darf«, antwortete ich.

»Wie zwei, Uhlig? Wieso denn zwei?«, schaltete sich Herr Karl dazwischen.

»Das gibt's doch jetzt nicht«, zischte ich flüsternd in seine Richtung. Laut sagte ich, mich wieder an den Mann wendend: »Also die zwei großen, die mit dem Sondermaß, kommen hier ins Schlafzimmer. Die anderen …«

»Was denn für ein Sondermaß, Uhlig?«

»Sag, Karl, meinst du das jetzt wirklich ernst? Das kann

doch jetzt nicht dein Ernst sein, dass wir darüber diskutieren! Das hatten wir doch alles besprochen.«
»Nichts hatten wir besprochen, Uhlig, und von Sondermaßen weiß ich gar nix.«
»Bitte, Karl!«, flehend schaute ich ihn an, »lass doch die Herren erst reinkommen und abstellen, dann erkläre ich's dir gleich noch mal.«
»Bitte!« Herr Karl gab die Tür zum Schlafzimmer frei. »Also, Uhlig, ich höre.«
Ich holte tief Luft: »3,40 Meter auf 2,20 Meter.«
»Wie bitte, Uhlig?«
Mit Nachdruck wiederholte ich: »3,40 Meter breit und 2,20 Meter lang, mit Rückenlehne 2,40 Meter lang.«
Herr Karl sah mich lange an, dann sagte er gefährlich leise: »Das passt nicht, Uhlig.«
Nun war ich total verwirrt. Mit meinen Augen maß ich hektisch noch einmal die Schlafzimmerwand ab. Nein, ich konnte mich nicht geirrt haben. Oder doch? Jetzt hatte Herr Karl mich ganz wuschig gemacht.
Da schoss mir die Geschichte von meiner Freundin ins Gedächtnis, welche der Ansicht war, dass sie sich immer vermisst. Ich sehe das anders, und darüber hatten wir unlängst bei einem Treffen eine Meinungsverschiedenheit. Schließlich und endlich gab sie zu, dass ihr Mann immer sagt, bei ihr passen die Maße nie. Meine Freundin ist so korrekt und klar strukturiert, penibel, beinahe pedantisch. Ich glaube, sie misst richtig, nur er bringt sie so durcheinander, dass sie denkt, sie hätte sich vermessen.
»Nein, Uhlig, ich muss es wirklich zugeben«, sagte meine Freundin damals, »der Herbi hatte wirklich recht, die Gardinen waren tatsächlich zwanzig Zentimeter zu kurz, die hingen in der Luft.«

»Ja«, entgegnete ich, »aber ich glaube nicht, dass du dich vermessen hast, sondern vielmehr, dass dein Fraueninstinkt, die Genialität, die uns von den Männern unterscheidet, dich dazu gebracht hat, das kürzere Maß zu bestellen, denn dadurch kriegst du beim Staubsaugen keine Probleme. Deine Gardinen werden nie vom Staubsauger eingezogen. Folglich können sie auch nicht aus der Aufhängung reißen. Stell dir das mal vor, bei euren schlechten Wänden würde es vermutlich auch noch die Gardinenstange mit rausziehen und ein Riesenloch verursachen. Und wer verputzt das dann? Dein Mann ist doch auch nie da! Das heißt, du müsstest dann auf die Leiter steigen, du mit deiner Höhenangst.«

»Aber ich staubsauge nie, ich habe eine Hilfe«, sagte meine Freundin verdattert.

»Ja, noch viel besser! Du denkst halt an deine Mitmenschen und schützt sie vor dem Unheil. Was für ein empathischer Mensch du bist. Stell dir das Szenario mal bildlich vor, deine Hilfe würde ja des Lebens nicht mehr froh werden, wenn ihr das alles passiert.«

»Uhlig, von der Seite hab ich das noch gar nicht betrachtet.«

»Siehst du, meine Liebe, siehst du?«

»Jetzt, wie du das so sagst«, meine Freundin schaute mich ernst an, »fällt es mir wie Schuppen von den Augen. Ich hatte nämlich einen Riesenstreit mit Herbi wegen der Gardinen. Und ich fange nicht davon an, dass ihm natürlich auch die Farbe nicht gefallen hat. Weißt du, er wollte nämlich so ganz lange schwere Samt- oder Damastvorhänge haben.«

»Schrecklich!«, rutschte es mir heraus.

»Ja, ganz schrecklich, der Horror!«, fuhr meine Freundin

weiter fort, »keine zarten, lichtdurchlässigen Voilants – du weißt, was ich meine.«
»Genau.«
»Eben. Und dann wollte er die so extra lang haben, so Staubfänger, so richtige Staubfänger! Samt zieht Staub ja so fürchterlich an! Na ja, schließlich und endlich haben wir den Mittelweg gewählt und Leinen genommen. Aber das musst du vorwaschen, und da muss mir der Fehler, der ja jetzt gar keiner mehr ist, wie sich dank dir herausstellt, passiert sein. Leinen läuft ja mindestens zwanzig, nein, dreißig Prozent ein. Und bei der Länge! Rechne das mal aus!«
»Sag ich doch! Du bist immer so klug und durchdacht, dir wäre so ein Fehler nie passiert«, antwortete ich ihr.
»Uhlig!«, holte mich Herr Karl in die Gegenwart zurück, »das passt nicht!! Hörst du?«
Ruhig, Uhlig, ganz ruhig. Du weißt, dass das passt. Lass dich von deinem Mann nicht wuschig machen. Dir passiert so ein Messfehler auch nicht. Du hast richtig gemessen! Glaub daran! Du brauchst hier jetzt keinen Zollstock. Außerdem wird er eh gleich sehen, wie das passt, sprach ich mir innerlich das Mantra vor.
Laut sagte ich mit besonders liebenswürdiger Stimme: »Doch, Karl, das passt, ich hab's ausgemessen. Bleib einfach mal ruhig jetzt, entspann dich und lass die Herren arbeiten! Wir haben doch jetzt eh keinen Stress mehr. Die nervigen zwei Möbelpacker sind weg, die habe ich unten auf der Straße bezahlt. Matteo und Binchen sind ein bisschen spazieren, und Elenita ist auch raus und mit der Maus eine Runde um den Block. Hach, ich bin ja so aufgeregt, ob die Betten dir gefallen! Du weißt ja, Karl, es ist kein Futon und auch kein Boxspring, es ist der

Traum meiner schlaflosen Nächte. Das hab ich dir erzählt, und ich hab dir natürlich auch die Maße gesagt. Wieso auch nicht? Aber du hast halt wieder mal nicht zugehört.«

Herr Karl stand fassungslos im Flur und sagte nun gar nichts mehr. Ich sprang hin und her, um den Männern Anweisungen zu geben, in welches Zimmer die jeweils nächste Matratze getragen werden sollte. Doch Herr Karl fand schnell seine Sprache wieder: »Noch eine, Uhlig?«

»Wir haben vier Kinder, Karl.«

Herr Karl schaute mich anklagend an: »Und jeder braucht so eine große Matratze?«

»Wo dürfen wir denn die Bettdecken hinbringen, Frau Uhlig?«, fragte mich wieder einer der Männer.

»Die Kamelhaar zu den Kindern bitte, die Seiden zu uns.«

»Und die Kissen?«, fragte ein zweiter Mann.

»Welche Kissen?«, Herr Karl schaute mich fragend an.

»Na, die neuen Kissen für die neuen Betten, wegen der Milben und dem Nacken«, sagte ich besonders langsam.

»Aha.« Sein Blick war nicht zu deuten.

»Und die Dinkelkissen?«, fragte Mann eins.

»Dinkel«, echote Herr Karl.

»Sind sehr gut für den Schlaf. Vertrau mir!« Ich zwinkerte Herrn Karl zu.

»Bitte zu uns ins Zimmer«, wandte ich mich Mann eins zu, »und die anderen verteilen Sie«, fuhr ich weiter fort, »einfach auf jede Matratze drei. Das heißt, bitte bei uns ins Schlafzimmer kommen sechs wegen der zwei Matratzen, zuzüglich der zwei Dinkelkissen.«

»Zwanzig Kissen, Uhlig, bist du verrückt?«

Eins musste man Herrn Karl lassen, rechnen konnte er schnell.
In dem Moment trug ein anderer Mann noch größere und sehr sperrig aussehende Kissen in die Wohnung. Herr Karl traute seinen Augen nicht.
»Wofür sind die denn?«
»Das ist die Lehne für unser Bett. Die besteht doch aus Kissen! Das habe ich dir doch auch erzählt, Karl. Alles! Alles hab ich dir erzählt.«
Herr Karl schüttelte resigniert den Kopf. »Uhlig, das passt nie. Aber bitte, ich halte mich da jetzt raus, ich sage nichts mehr.«
Gut, im Stillen musste ich Herrn Karl recht geben, unser Schlafzimmer sah zu diesem Zeitpunkt grotesk aus, und es konnte einen das leise Gefühl ›Das passt nie‹ beschleichen. Aber wenn man mich kennt und schon zwölf Jahre mit mir zusammen ist, müsste man es eigentlich besser wissen. Es mag sein, dass es einem nicht wirklich gefällt, was ich kaufe, aber passen tut es immer, zumindest was die Maße angeht, und über Geschmack lässt sich bekanntlich streiten.
»Uhlig, ich gehe jetzt mit Klaus telefonieren«, sagte Herr Karl. »Ruf mich, wenn das Ganze fertig ist.«
Bis alle Betten standen und unser neues Traumschlafzimmer bereit war, von Herr Karl begutachtet zu werden, vergingen an diesem Tag dann doch noch leider ein paar Stunden. Damit hatte auch ich nicht gerechnet, aber alles hat ein Ende, und endlich war es so weit. Ein bisschen musste ich Abbitte leisten, aber nur ein bisschen. Ich hatte mich nicht vermessen oder falsch gerechnet, aber das Bett wirkte trotz der niedrigen Höhe riesig in dem Raum. Gut, dass ich mich auf Herrn Karls Idee eingelassen

hatte, wieder näher an den Boden zu kommen, ein Boxspringfamilienbett wie in Österreich hätte diesen Raum erschlagen.

»Sieh an, ein neues Lager«, hörte ich Herrn Karl feixend ins Schlafzimmer treten.

»Man könnte auch einfach sagen, dass es schön ist, Karl.«

»Könnte man, Uhlig.«

»Sei froh, dass die Wohnung wenigstens schon eine Küche hat, Karl!«

»Da danke ich dem lieben Gott jeden Tag dafür.«

Frau Uhlig und der Küchenwahn

In der Tat konnte Herr Karl froh sein, dass wir bei diesem Umzug für eine Küche Abstand zahlen durften und keine neue einbauen mussten!
Ich baue wahnsinnig gerne Küchen, und ich habe schon wirklich tolle Küchen gebaut, aber aus irgendeinem Grund werden die immer teurer als gedacht. Und irgendwie bekomme ich auch nie einen Kostenvoranschlag. Nicht, dass man jetzt denkt, ich hätte je eine teure Designerküche besessen. Diese Art von Küchen interessiert mich nicht. Ich habe immer individuelle Wohlfühlküchen gebaut und gehabt.
Die kostengünstigste und schrägste war in meiner Studentenzeit eine Baugerüstküche. Vierhundert Mark hat sie mich damals gekostet. Gut, hätte man sie von einer Firma bauen lassen, hätte sie vermutlich Unsummen gekostet. Ich habe vierhundert Mark für das wirklich sehr gebrauchte Baugerüst bezahlt. Es war nicht baufällig, aber es war so verdreckt, dass der gute Luxe, seines Zeichens mein damaliger Freund, ich weiß nicht wie viele Stunden, Tage und vermutlich Wochen damit zugebracht hatte, es zu reinigen. Das war nicht ganz einfach, ganz im Gegenteil. Mit Stahlbürstenaufsätzen für die Bohrmaschine, danach Polieraufsätzen, hatte er in mühseliger Kleinstarbeit dieses Gerüst bearbeitet, um den Dreck irgendwie loszuwerden. Flex und Tonnen von Schleifpapier plus Schleifmaschine kamen zum Einsatz, ganz zu schweigen von dem Lack, den man brauchte, um alles zu

versiegeln. Er hatte ein Zimmer unserer damaligen Wohnung zur Werkstatt erklärt. Die Wände waren von ihm komplett mit Folie verklebt worden, und Luxe hatte eine Art Staubschleuse vor den Eingang montiert.
Leider war der Luxe kein gelernter Handwerker, aber er war bemüht. Sein Tatendrang war ungebrochen. Auch wenn die halbe Wohnung unter einer dicken Staubschicht versank, war er immer noch guter Dinge. Er selbst sah jedes Mal aus wie ein Außerirdischer, wenn er aus der Schleuse trat. Er war übersät von rotem Feinstaub, den er von den Rohren und Bohlen abgeschliffen hatte. Aber er hatte es geschafft, das Gerüst erstrahlte perfekt im Vintage-Style. Er hatte die Spüle in die Bohlen eingebaut, unter der Spüle befanden sich zwei durchgehende lange Bretter als Ablage. Neben der Spüle war eine lange Arbeitsfläche aus Bohlen und über der Spüle mit zwei 90er Traversenwinkeln ein schönes Brett über die gesamte Küchenzeile gezogen. Darauf fand man viel Platz für sämtliche Tassen, Gläser, Öle, Kräuter. Insgesamt erfüllte die Küche wunderbar ihren Zweck, und da wir nicht so viel Geschirr hatten und es ständig in Benutzung war, machte es auch nichts aus, dass alles offen stand, denn es konnte nicht verstauben.
Dann fällt mir noch die Porno-Küche ein, die ich später hatte. Die ganze Küche bestand aus einem Steinimitat. Nicht nur die Arbeitsplatte war in Marmoroptik, sondern alles: die Fronten, die Kanten, die Ablage, einfach alles.
Ich weiß nicht mehr, warum ich sie Porno-Küche getauft hatte, vielleicht war es eher eine Gangster-Küche, aber ich sah eben immer leicht schmierige Menschen mit Goldketten vor mir, wenn ich an die Küche dachte. Gott

sei Dank nicht immer, sonst hätte ich ja nicht in ihr kochen können. Auch diese Küche hat etwas Eigenes. Ich mochte sie trotzdem. Klar, ich hatte sie ja auch gebaut. Aber sie war immer leicht billig. Da fällt mir die Werbung von früher ein: … *und billig, da stehst du doch drauf.* Wenn ich sie wirklich aus Stein gebaut hätte, wäre sie, glaube ich, megacool gewesen.

Oh, mein Gott, und dann mein Highlight: Die beste Küche, die ich bis dato je gebaut habe, die eine jene, welche.

Küchen sind ja sowieso ein Riesenthema. Allein die Frage, wo die Spüle hinkommt, kann zu gröberen Auseinandersetzungen führen. Hat man sich dann endlich geeinigt, stellt man fest, dass man den Wasseranschluss gar nicht berücksichtigt hat. Ziemlich wichtig bei einer Spüle …

Aber das Gute ist, man arbeitet ja Hand in Hand, um eine Lösung zu finden. An der Spüle hängt auch meist die Spülmaschine. Die neueste Mode ist, dass die Spülmaschine ein bisschen höher gesetzt wird, rückenschonend, so sagt man. Wir haben das noch nie gehabt. Eine wichtige Frage ist auch, wie groß ist die Arbeitsfläche? Braucht man mehrere kleine, durchbrochen von Spüle und Herd, oder eine große, wo Spüle und Herd die Enden flankieren. Was ist mit einem Block? Ja oder nein? Wenn Block, stellt sich die Frage einer Zusatzspüle. Backofen? Auf Augenhöhe oder lieber unten mit Backauszugwagen? Eingebauter Kühlschrank oder frei stehend, doppelt oder klein, mit eingebautem Kühlfach oder extra Gefrierschrank? Von der Mikrowelle fange ich erst gar nicht an, ein leidiges Thema. Aber allein für die Kirschkern- und Dinkelsäckchen unabdingbar. Geht zwar auch im Backofen, dauert aber extrem lange, dann vergisst man sie, ganz abgesehen davon, dass sie zu brennen anfangen können, riechen sie dann auch noch nach der fettigen Ente, die zuvor darin gebraten wurde. Und die will man nun wirklich nicht mit ins Schlafzimmer nehmen.

Diese Diskussionen machen eine Beziehung mürbe, und das eigentliche Objekt der Freude wird zum Stressauslöser. Am besten ist, einer plant die Küche, und der andere lässt sich überraschen, er kann aber noch Änderungswünsche angeben, bevor sie gebaut wird. Das war ja auch als Single so. Da hat man selbst geplant, und eine Freundin hat drübergeschaut und Tipps gegeben. Ja, es gibt so viele Möglichkeiten, Küchen zu bauen, da fällt mir wieder meine Highlight-Küche ein, die schönste Küche, die ich je gebaut habe.

Sie war nicht aus Stein, sie war aus Holz. Jetzt könnte man denken, so eine anthroposophische Küche oder eine Antik-Küche, eine Eichenfurnier- oder eine Lärchenküche, vielleicht auch eine Buchenküche? Nein, nein, nein! Nicht anthroposophisch, nicht Eichenfurnier, Lärche oder Buche, sie war aus Nuss. *Vollholznuss!*

Und nicht irgendeine Nuss, nicht Amerikanische oder Kanadische, die mit dem roten Einschlag, nein, es war die schönste Nuss, die es überhaupt gibt: Europäische, was sag ich, Deutsche Nuss. Die hat einen anderen Farbton, eine andere Maserung, kurzum, sie ist wunderschön und fast nicht mehr zu kriegen. Das heißt, natürlich kann man Deutsche Nuss kaufen, aber nicht in der Länge, die ich brauchte, um die Küche aus einem Stück zu bauen, aus einem Baum, in einem Guss. Mein Tischler erklärte mir damals, Deutsche Nuss in der Länge, die ich wollte, sei illusorisch. Im Zweiten Weltkrieg sei die Deutsche

Nuss fast komplett gefällt worden, weil man sie für die Gewehrkolben brauchte. Nuss ist besonders hartes Holz, sehr widerstandsfähig und hat eine tolle Maserung. Aber wie gesagt, die alten hohen Nussbäume wurden in dieser dunklen Zeit niedergeholzt. Nun hat man sie natürlich nach dem Krieg, als wieder Zeit für die Natur war, neu gepflanzt, aber dicke hohe Stämme brauchen mehrere Jahrzehnte, wenn nicht gar länger.

Tja, ausgeträumt war der Traum von der Deutschen Nuss. Für mich das schönste Holz überhaupt, und wenn es noch geölt ist, dann feuert das, dass es eine wahre Pracht ist. Aus. Schluss. Vorbei. Vom Trauern bekam ich keine neue Küche. Der Tischler und ich fuhren in ein Sägewerk, um uns nach Alternativen umzusehen. Den Herren dort habe ich erklärt, was ich wollte und dass es so sein sollte wie die Deutsche Nuss.

»Hören Sie! Nuss, Nuss halt. So wie die Nuss, aber wirklich eine lange und dicke Nuss, weil ich die Küche aus einem Guss haben will. In der Farbe der Deutschen Nuss, die es nicht mehr gibt, jedenfalls nicht mehr so lang und dick. Sie ist zu kurz, wie auch immer, wir brauchen eine Alternative. Wir brauchen …«

»Ich zeige Ihnen, was Sie brauchen«, unterbrach der älteste der vor uns stehenden Sägewerksmitarbeiter mein Gestammel und brachte mich aus dem Konzept.

»Folgen Sie mir bitte. Ich glaube, ich habe genau das, wonach Sie suchen.«

Da bin ich aber mal gespannt, dachte ich und beeilte mich, ihm und meinem Tischler, der ihm sofort auf dem Fuß gefolgt war, hinterherzukommen. Im hintersten Winkel, dort, wo es am verstaubtesten war, endete die Reise durch das Holzlabyrinth. Ich war gespannt.

Der ältere Herr ging in die Hocke und bat meinen Tischler mitanzupacken. Mit großer Kraftanstrengung zogen sie einen langen Stamm aus einer Aufhängung. Also keinen Stamm, sondern, wie sagt man, einen der Länge nach geschnittenen Baum. Ich würde ja gerne Scheibe sagen, aber es war keine Scheibe, es war der Stamm, der der Länge nach in Bretter geschnitten worden war, noch mit Rinde. So, und nun zog der Verkäufer mithilfe meines Tischlers das Rindenbrett ganz raus. Ein riesiges Brett. Mindestens 4,5 Meter lang und an manchen Stellen bestimmt 80 Zentimeter breit und 12 Zentimeter dick. Und was soll ich sagen? Als das Brett auf dem Boden vor uns lag, bekam mein Tischler Stotteranfälle, und der ältere Herr nickte immer nur wissend.

»So, so, so wunderschön! So wunder-, wunder-, wunderschön! Dass es das noch gibt! Nein, dass es das noch gibt! Ein Schatz!«

Ich war irritiert. Ich schaute mich um, wovon die Rede war. Mein Tischler ging in die Hocke und strich über das völlig verdreckte graue und unansehnliche Brett und verharrte andächtig.

»Es ist so schön. Es ist so schön. Es ist so wunderschön.«

»Entschuldige, mein Lieber, wovon sprichst du?« Ich schaute ihn fragend an.

»Uhlig, das ist ein Schatz, der hier vor uns liegt.«

»Und das Tolle ist«, schaltete sich der ältere Herr dazu, »davon gibt es zwei. Zwei Schätze.«

»Wirklich?«, fragte mein Tischler ungläubig.

»Wovon?« Ich war völlig verwirrt. »Wovon gibt es zwei? Habe ich hier was verpasst?«

Aber mein Tischler ging gar nicht auf mich ein, er starrte weiterhin durch mich hindurch und den älteren Herrn an, der immer noch mit dem Kopf nickte und dann mit dunkler sonorer Stimme das Wort ergriff: »Ich bin seit dreißig Jahren in der Firma, und da gab's die schon. Aber es sind unsere Raritäten, die zeigen wir eigentlich nicht. Die wollte der Seniorchef für sich behalten. Aber jetzt steht der Umzug vor der Tür, und nun ja, der Junior und der Neubau ... Was soll ich sagen? Eine andere Generation ...« Er atmete schwer ein. »Die neue Lagerhalle ist kleiner und schicker, viel Glas, wo wir doch vom Holz leben. Ich weiß nicht, ob das das Richtige ist bei dem vielen Sägemehl. Aber ich werde ja nicht gefragt, man weiß ja alles besser. Der Alte, der Senior freilich, der weiß, was er an uns hat. Aber er hat ja nun an den Junior übergeben, und deshalb trennt er sich, wenn auch schweren Herzens, von seinem Schatz.«

»Entschuldigung?«

Ich musste dem Ganzen ein Ende setzen, bevor es völlig ins Absurde abdriften würde. Wir befanden uns noch immer im verstaubtesten hintersten Winkel dieser alten Lagerhalle, und für mich war weit und breit kein Schatz zu sehen.

»Könnte man mich bitte aufklären?« Hilfe suchend schaute ich die beiden an.

»Das ist Nuss, Uhlig! Die, die wir gesucht haben. Die es nicht mehr gibt«, erklärte mein Tischler.

»Deutsche Nuss! Seit Langem gelagert und in einer Länge, die Sie nie wieder kriegen werden. Schauen Sie sich die Breite vom Brett an. Wie groß dieser Baum gewesen sein muss. Wir haben eine Länge von fünf Meter zwanzig, und das zweimal. Das ist ein Wunder.«

»Sie wird wunderschön!«, sagte mein Tischler.

»Was wird wunderschön?«, fragte ich zurück.

»Die Küche!«

Fassungslos starrte ich ihn an. War er verrückt geworden? Vor uns lag wirklich hässliches Holz. Hässliches, dreckiges, graues Holz. »Bist du sicher?«, fragte ich meinen Tischler nochmals sehr skeptisch.

»So sicher wie das Amen in der Kirche«, antwortete er.

»Gut.« Ich holte dreimal tief Luft und wandte mich an den älteren Herrn. »Wir kaufen die Bretter.«

Stille.

An dieser Stelle möchte ich einen Punkt machen. Nur so viel: Schon der Preis der zwei Bretter verschlug mir die Sprache. Dass mein Schreiner über hundert Stunden brauchte, um die Schönheit und den wahren Glanz der Nuss zum Vorschein zu bringen, bevor daraus überhaupt eine Küche entstehen konnte, verursacht bei mir heute noch Schweißausbrüche.

Frau Uhlig bekommt ein Lob

Wahnsinn, wie schnell Geschichten, die man erlebt hat, in manchen Momenten wieder so präsent vor dem inneren Auge auftauchen. Ich versuchte, die Hitze, die sich während der Erinnerung an die Deutsche Nuss in meinem Körper ausgebreitet hatte, unter Kontrolle zu bekommen. Aber trotzdem setzte sich in meinem Kopf die Idee fest, irgendwann werde ich die ultimative Küche bauen. Die Küche, die der Herr Karl und ich *wirklich* brauchen. Kinder haben wir gezeugt, das mit dem Baum und dem Haus haben wir in einem abgefrühstückt und ein Baumhaus gebaut. Ja, plötzlich konnte ich es klar sehen: Was wir wirklich noch machen mussten in unserem Leben, war, gemeinsam eine Küche zu bauen. Genau, das stand noch aus.

Mit großer Liebe schaute ich Herrn Karl an, der sich in der Zwischenzeit auf dem neuen Familienbett niedergelassen hatte.

»Vergiss es, Uhlig! Denk gar nicht daran! Wir haben hier eine Küche.«

»Wie kommst du darauf, dass ich an eine Küche gedacht habe?«

»Ich kenne dich.«

»Entschuldigung?« Mann eins steckte seinen Kopf zur Schlafzimmertür herein. »Wir wären dann fertig mit den Betten.«

»Ich danke Ihnen.« Ich drehte mich um, um Mann eins und den anderen Herren der Bettenfraktion für die

Mühen der vielen Stufen ein Trinkgeld zu geben und sie zu verabschieden. »Und richten Sie Frau Viel einen lieben Gruß aus, bitte!«, rief ich ihnen hinterher.
Sofort hatte ich wieder meinen ersten Kontakt mit Frau Viel, der Chefin der Firma Vielbett, vor Augen. Was für eine tolle Frau! Ich schloss die Tür hinter den Herren und gab mich kurz meiner Erinnerung hin, aber wirklich nur kurz.
Wie ein Märchen hatte es begonnen, mystisch, das Märchen von unserem neuen Familienbett.
»Entschuldigung, haben Sie gerade bei mir angerufen?«
»Wer sind Sie denn?«, fragte ich in den Hörer.
»Frau Viel, Firma Vielbett.«
»Ah, Frau Viel, das ist aber nett, dass Sie mich zurückrufen.«
»Ja, ich hatte Ihre Nummer auf dem Display«, antwortete Frau Viel.
Kundenorientiert. Herrlich, genau so etwas liebe ich, dachte ich, und damit war das Eis gebrochen. Mein Blick ging zur Wanduhr, eine Minute nach zehn. Vor ungefähr zwanzig Minuten hatte ich versucht, die zwei Naturbettenläden, die ich im Internet gefunden hatte, zu erreichen. Leider war noch keine Öffnungszeit, somit hatte ich auch gar nicht auf die Anrufbeantworter gesprochen.
Nun kam mir Frau Viel zuvor, die mich schon zurückrief, bevor ich es erneut versuchen konnte. Sie nahm mir dadurch die Entscheidung ab, in welchem der Läden ich unsere neuen Betten kaufen würde. Ich liebe Kundenorientierung und hatte am Telefon sofort das Gefühl, bei Frau Viel in besten Händen zu sein. Kompetenz, Wissen und Freundlichkeit in einer Person, was will man mehr?

»Uhlig?«, rief mich Herr Karl in die Gegenwart und in unser Schlafzimmer zurück. »Ich muss wirklich sagen, das Bett ist super. Auch wenn meiner Meinung nach ein Bett im Schlafzimmer gereicht hätte …«

»Karl, bitte.«

»Ich wollte es nur noch mal gesagt haben.« Herr Karl hob beschwichtigend die Hände. »Jetzt lass uns zusammenpacken, wir haben noch eine lange Fahrt vor uns.«

In dem Moment klingelte es.

»Wer ist das, Uhlig?«

»Keine Ahnung, Karl …« Oh nein, das werden doch nicht, oh nein, die hatte ich ganz vergessen! Aber das werden sie vermutlich sein, die Weißwarenlieferanten. Ich sprang erneut zur Wohnungstür.

»Uhlig, wer kommt da jetzt?«

»Ich glaube, die Weißware.«

»Die wer?«

»Gleich, Karl.«

»Hallo?«, rief ich in die Gegensprechanlage.

»Hallo! Hallo! Wie liefern Maschine.«

Hatte ich doch richtig geraten.

»Wo Lift?«

»Kein Lift.«

»Kein Lift? Verrückt! Simon, kein Lift. Wir brauchen Gurte.«

»Uhlig, wer kommt?«, rief Herr Karl erneut aus dem Schlafzimmer.

»Wenn wir Glück haben, die neue Waschmaschine und der Trockner«, flötete ich.

»Aber beides haben wir doch schon, Uhlig.«

»In Oberösterreich, Karl.«

»Uhlig, wie viel?«

»Ich habe wirklich ein Schnäppchen gemacht.«
»Uhlig?!«
»Ja, Karl. Ich habe als Bonus auch einen Staubsauger dazubekommen.«
»Aber wir haben doch einen Staubsauger.«
»Aber nicht den, Karl.«
Stille.
»Was sagst du eigentlich dazu, dass das Internet geht?«
»War das ein Problem, Uhlig?«
»Nein, nicht wirklich, Karl.«

Frau Uhlig hat Anschluss

Meine Freundin und der Techniker hatten es beim letzten Telekom-Happening tatsächlich geschafft, Festnetz und Internet zum Laufen zu bringen. Nachdem ich vom Synchron zurückgekehrt war und meine Maus übernommen hatte, konnte meine Freundin dem Techniker patent zur Hand gehen. Dieser brauchte nämlich unbedingt eine zweite Person, um das Kabel neu zu verlegen, denn genau da lag der Hase im Pfeffer. Bei der Sanierung des Hauses wurde auf Glasfaser geachtet, leider aber das Kupferkabel vernachlässigt. Zwar gab es einen Kabelkanal vom Keller in die Wohnung, aber er war leer, ein Leerrohr. Das Kupferkabel endete im Keller. Damit hatte der Techniker nicht gerechnet und wollte eigentlich den Schauplatz des Grauens schon verlassen und einen neuen Termin vereinbaren, zu dem er mit einem Kollegen kommen wollte, um das Kabel neu zu ziehen. Das konnte er nämlich nicht alleine.

Meine Freundin ahnte, klug, wie sie war und wohlwollend vorausschauend, dass das einen weiteren Besuch der leeren Wohnung inklusive langer Autofahrt und möglicherweise schreiendem Baby bedeutet hätte. Das wollte sie auf jeden Fall verhindern und hielt geistesgegenwärtig den Techniker so lange hin, bis ich vom Synchron zurückgekehrt war, um dann höchstpersönlich den Part des Kollegen zu übernehmen. Und was soll ich sagen, die beiden haben es geschafft. Es war mühsam, aber meine Freundin versicherte mir, sie habe dabei viel gelernt über Kabelziehen im Treppenhaus und …

»Weißt du, Uhlig«, sagte sie später im Auto auf der Rückfahrt zu mir, »das ist gar nicht so schwer mit den Kabeln. Vielleicht sollte ich doch die Wand öffnen, um das Stromkabel für die Tageslichtlampe im Fensterrahmen zu verlegen …«

Die anschließende Diskussion darüber ließ nicht auf sich warten, verkürzte uns aber herrlich die Autofahrt. Nur so viel zum Fazit: Das Kabel würde nicht verlegt, es würde keine Tageslichtlampe an die Wand montiert und kein Fensterrahmen davor gehängt werden. Aber sie würde das Projekt ›Das Fenster zum Hof‹ neu angehen, und ich würde ihr dabei mit Rat und Tat zur Seite stehen.

Frau Uhlig zieht ein

Irgendwann kam der große Tag, wir zogen ein, und ich war tatsächlich zurück, zurück in der großen Stadt. Leider musste Herr Karl auch umgehend drehen und konnte die ersten Momente unseres neuen Stadtlebens gar nicht live miterleben.

Schade, aber vielleicht auch besser so. Ich glaube, ich habe die Familie einen Monat lang nur vom Lieferservice ernährt, bis ich wieder zu kochen begonnen habe. Herr Karl muss ja nicht alles wissen.

Herrlich, die Stadt!

Ich muss es noch mal sagen, es gibt Menschen, die sind Städter, einfach Städter. Sie brauchen den Lärm, das unterschwellige Rumoren einer Stadt, auch in der Nacht. Eine Stadt schläft nicht. Niemals schlafen alle gleichzeitig. Es wird auch nicht wirklich dunkel. Also dunkel wird es schon, aber nicht finstere, schwarze, kalte, dich packende Nacht. Eine Jalousie brauchst du auf dem Land, um das Dunkel abzuhalten, in der Stadt brauchst du sie, damit es dunkel wird. In der Stadt ist alles fußläufig erreichbar, zumindest wenn man im Zentrum lebt. Für mich bedeutet Stadt natürlich, im Zentrum zu leben.

Der sogenannte Speckgürtel ist für mich uninteressant. Für mich ist die Stadt der Speck, nicht der Gürtel drumherum, denn dann würde ich im Gürtel sitzen und nur auf den Speck starren. Bis der Gürtel immer enger würde. Fürchterliche Vorstellung. Entweder ich lebe in der Stadt oder auf dem Land, und Land ist für mich mindestens 100 Kilometer entfernt vom Speck und dem engen Gürtel …

Stadt oder Land?!

Alles hat seine Vor- und Nachteile. Das Land ist die Entschleunigung, die Sehnsucht nach Ruhe und dem eigenen Garten, nach Grün, nach einem anderen Blick für die Augen, nach Weite und die Konzentration aufs Wesentliche. Das Wesentliche war für mich auf dem Land der Fernseher, denn was machst du abends sonst, wenn du Kinder hast? Du bleibst zu Hause und schaust fern.

Jetzt würden die Landleute sagen, in der Stadt machst du auch nichts anderes, wenn du Kinder hast. Ich würde sagen, man könnte aber. Denn wenn der Mann zu Hause ist, könnte frau um den Block gehen …! Sie könnte sich beleuchtete Schaufenster anschauen, an vollen Kneipen vorbeigehen und sich beim Imbiss an der Ecke noch ein Stück Pizza gönnen. Sie könnte auch mit einer Freundin ins Kino gehen oder ins Theater oder in die Oper, oder aber sie könnte sich einen Vortrag in der Buchhandlung anhören.

Alles ist möglich. Auch könnten Freundinnen, die mitgekommen sind, etwas trinken, ohne dass man sie dann über Land eine Stunde nach Hause fahren muss, was ja an sich nicht das Schlimmste ist, aber schlimm wäre, dass man anschließend allein nach Hause fahren muss. Im Finstern, durch die rabenschwarze Nacht, ganz allein. Was, wenn man einen Platten hat? Wer hilft einem dann? Wer ist dann da? Niemand. Höchstens der Heilige Geist. So schaut's aus. Ich habe es schon mehrfach in meinen Büchern erwähnt, ich komme vom Fach: Das Böse passiert immer in der einsamen, finsteren Nacht. Gerne auf dem Land, wo weit und breit nichts als die Natur einen umschließt und der unterdrückte Hilfeschrei für einen

Käuzchenruf gehalten wird, falls überhaupt ein Haus in Rufnähe ist.
Viel wahrscheinlicher als der Platten im Finstern auf der Landstraße ist allerdings der gemeine Jugendliche, der aus der Multiplex-Kino-Erlebnis-Mall nach dem Discobesuch betrunken nach Hause fährt. Wenn der Ihnen entgegenkommt, gnade Ihnen Gott.
Aber nicht nur der Jugendliche trinkt. Jetzt wird es einen Aufschrei geben, aber so ist es. Alkohol ist eine legalisierte Droge, die Leute trinken, in der Stadt und auf dem Land. Aber auf dem Land fahren sie mehr Auto, wenn sie etwas getrunken haben. Würde es mehr Alkoholkontrollen auf dem Land geben, würden die das auch bestätigen. Interessant ist, dass fast keine oder zu wenig stattfinden. Warum …? Egal. Verlassen wir das heikle Thema und werfen wir einen kurz Blick auf die Stadt.
Grundsätzlich ist eine Stadt anonymer. Das muss nicht immer gut sein, aber wenn es einem nicht gut geht und man seine Ruhe haben und alleine weinen will, ist man in der Stadt besser aufgehoben. Nicht jeder in der näheren Umgebung weiß gleich, wie es einem geht. Auf dem Land werden einem ungefragt Krankheitsgeschichten und Trennungsgerüchte von Nachbarn erzählt, so wie bei Festen in meiner Branche. Auch geben die Leute gerne Auskunft, wo man lebt, und wissen, ob man gerade zu Hause oder im Urlaub ist. Sollte man ein Problem mit dem Kindergarten oder der hiesigen Schule haben, Obacht! Es gibt nur die eine. Auch ist es ratsam, in die Kinderschuhsonderangebote oder das Regenjackenset vom nah gelegenen Supermarkt, in dem man ja eigentlich nur die Nahrung kaufen wollte, den Namen reinzuschreiben, denn jedes Kind im Ort hat sie.

Ohne Auto bist du auf dem Land verloren, das sagen auch fest verankerte Landpflanzen. Sollte ein Kindergarten- oder Schulbus fahren, geht es einigermaßen, aber man braucht das Auto mindestens einmal in der Woche, um den Großeinkauf in den Einkaufszentren an den Ausfallstraßen zu erledigen, dort, wo der Drogerie-, der Supermarkt, der Schuhdiscounter und der Büroschreibwarengroßhandel sowie der Tierfutterbedarfsladen sich neben dem Drive-In angesiedelt haben. Dieser Einkauf wird allwöchentlich zum Erlebnis, zumindest wenn man das Glück hat und sich dort auch noch ein Indoor-Spieleparadies dazugesellt hat, denn dann kann es passieren, und das ist wirklich schön, dass über sämtliche Parkplatzlautsprecher ausgerufen wird, dass die kleine Prinzessin Sowieso … dringend zu ihrer Mama möchte.
Währenddessen ruft zu allem Überfluss auch der Mann an, um die wichtigsten Neuigkeiten des Tages aus der Ferne zu berichten, bevor er ins nächste Meeting geht. Sagt man dann, grad ist's schlecht, ist er eingeschnappt und verstimmt und verabschiedet sich mit den Worten »Ich erzähl dir gar nichts mehr. Ich ruf auch nicht mehr an!« Wunderbar! Ich liebe es.
Das ist natürlich in der Stadt viel besser. Da hast du den Metzger, den Bäcker, den Friseur, die Änderungsschneiderei, den kleinen Krämerladen am Eck, alles fußläufig erreichbar, da musst du nicht überall mit dem Auto hinkajolen.
Da gibt es Bus, Straßenbahn, U-Bahn und S-Bahn, und irgendwas davon fährt immer. Der Postbus auf dem Land fährt dreimal am Tag. Am Wochenende sogar nur zweimal. Die Regionalbahn fährt zwar stündlich, aber die hält halt nicht überall, außerdem sind sie und der Bus fuß-

läufig nicht unter einer Stunde zu erreichen und damit uninteressant.
Allerdings hat das Land auch Vorteile. Die Kinder wachsen im geschützten Raum auf. Sie bekommen von der Welt nur das mit, was wir zulassen, zumindest in den ersten Jahren. Sie lernen, dass der Salat im Garten wächst und nicht im Supermarkt. Auch dass die Tomate an einem Strauch und die Möhre in der Erde wächst. Rosen sind keine Schnittblumen, die bei Mama in der Vase stehen, sondern wachsen auch draußen im Freien. Und der Weihnachtsbaum steht nicht nur in der Wohnung, sondern es gibt ganze Wälder davon.
Auch gibt es einen Horizont, der nicht die nächste Hausmauer ist, weil er genau dort aufhört. Man rückt näher zusammen, man hilft sich aus. Nachbarschaft wird großgeschrieben. Mit dem Postboten ist man per Du und muss nicht stundenlang mit dem Abholzettel im Postamt stehen, denn er lehnt das Paket im Fall der Abwesenheit so an die Haustür, dass es nicht nass werden kann.
Die Landschulklasse hat kaum fünfzehn Kinder, und man kennt die Namen aller Eltern. Egal ob Haus oder Wohnung, beides ist auf dem Land meist irgendwie bezahlbarer, wenn man nicht gerade nach Kitzbühl zieht. Auf dem Einwohnermeldeamt muss man niemals warten, und am Bahnhof kannst du den Schlüssel für dein Auto deponieren.
Das vermisse ich alles. Aber ich bin und bleibe eine Städterin. Ich kann ja am Wochenende aufs Land fahren, wenn ich will.
In der Stadt habe ich so viele Angebote, die ich alle nutzen kann. Auch wenn ich's nicht mache, ich könnte.

Frau Uhlig muss schreiben

Heute Abend schaue ich mir noch mal den Mauser an, Karl.«
»Was machst du?«
»Heute Abend schaue ich mir noch mal den Mauser an!«
»Uhlig, das hab ich schon verstanden, ich will wissen, warum.«
»Ich glaube, wir brauchen ihn noch.«
»Wozu denn, Uhlig? Du hast doch einen Schreibtisch!«
»Für dich, Karl.«
»Ich will keinen Schreibtisch.«
»Aber es wäre gut, wenn wir noch einen hätten.«
»Wieso, Uhlig?«
»Weil, weil.« Mir fehlten einen Moment die richtigen Worte. Dies nutzte Herr Karl schamlos aus.
»Du willst doch nur eine neue Ablage haben. Schau mal, was hier alles herumsteht. Ich werde verrückt, überall nur Zeug! Wir müllen uns zu!«
Und wieder einmal standen sich Messie und Purist gegenüber.

Es gibt die Horter und Aufheber, die alles noch brauchen können, und es gibt Wegschmeißer. Beides hat seine Vor- und Nachteile.
Der Wegschmeißer ärgert sich oft, dass er etwas, von dem er weiß, dass er es mal hatte, vorschnell entsorgt hat. Oft liebt es der Wegschmeißer zu shoppen, denn was er nicht mehr hat, muss er ja (neu) kaufen, wenn er es braucht.

Das kann dem Horter und Aufheber nicht passieren. Er hat es mit Sicherheit. Er weiß nur nicht, wo. Wo er es hingelegt hat. Und dann fängt er an, die ganze Wohnung umzuräumen, alles sieht aus wie ein Schlachtfeld, bis er sich doch im Kaufhaus wiederfindet, weil er es nicht gefunden hat und neu kaufen muss. Irgendwann wird er es zu Hause finden und sagen, ich hab's doch gewusst, dass ich's hatte. Wenn man ein Horter und Aufheber ist, ist es wichtig, Buch zu führen über das, was man hortet. Es bringt nichts, im Vorbeigehen seinem Partner, der gerade mit einem anderen Vorgang beschäftigt ist, den Platz, an dem man das neu Erworbene zum Verstauen hingelegt hat, auch noch mitzuteilen.
»Lieber, ich lege das hier in den Schrank. Schaust du kurz? Die angebrochene Sekundenklebertube lege ich hier in den Schrank, damit die Kinder nicht rankommen.«
»Mhmm.«
»Denkst du bitte mit daran?!«
»Mhmm.«
»Also hier im Schrank.«
»Jaa.«
Wunderbar, jetzt wissen der Horter und Aufheber und sein oder ihr Partner Bescheid, alles wird gut. Und deshalb, ein halbes Jahr später:
»Schatz? Wo ist denn der Sekundenkleber?«
»Ich weiß nicht, wo der Sekundenkleber ist.«
»Aber ich hab dir doch gesagt, wo ich den hingelegt habe.«
»Prima, dann weißt du ja, wo er ist.«
»Aber du ja auch.«
Fakt ist, irgendwann haben Sie fünf angefangene Se-

kundenklebertuben an verschiedenen Orten in der Wohnung versteckt. Am besten, Sie legen ein Notizbuch an, wo was in Ihrer Wohnung zu finden ist. Das ist die einzige Chance, eine Sekundenklebertube wirklich effizient zu nutzen, dann haben Sie dem Wegschmeißer etwas voraus und Geld gespart. Das Notizbuch muss nichts Besonderes sein, ein ganz einfaches aus dem nächsten Supermarkt tut es auch. Ich wäre ja sehr gefährdet, bei der Suche nach einem Notizbuch verschiedenste Exemplare anzuschauen und, weil ich mich nicht entscheiden kann, welches für meinen neuen Plan perfekt ist, einfach alle zu kaufen. Aber die müsste ich ja irgendwo verräumen, und der Kreislauf ginge von vorne los. Über die gesamte Thematik könnte man ein eigenes Buch schreiben.
In Kurzform glaube ich, am besten ist, man ist Wegschmeißer, Horter und Aufheber in einer Person, und der Sekundenkleber braucht nur seinen richtigen Platz, an dem man ihn aufbewahrt …

»Mit einem Schreibtisch würde das anders werden, Karl.«
»Nein, Uhlig, dann hast du nur eine neue Fläche mehr, die du vollkramen kannst.«
»Nein, Karl, dann könnte ich endlich Ordnung halten. Schau doch mal, wie es hier aussieht? Deine ganze Steuer liegt überall rum.«
»Ich mache die Steuer einmal im Jahr.«
»Aber dann liegt sie rum. Hättest du einen Schreibtisch, würde nix mehr rumliegen. Unter der Schreibtischplatte hat der Mauser noch ein Fach, das über die gesamte Breite geht. Da kann man eine Menge Zeug reinlegen und wegsortieren.«

»Eben, Uhlig, sag ich ja. Dann hast du eine neue Ablage, wo du noch mehr reinstopfen kannst.«

»Entschuldige, Karl, ich will gar nichts irgendwo reinstopfen. Ich will einfach die anderen Flächen, die voll geräumt sind, leer räumen. Und da der meiste Bürobedarf von dir ist, brauchst du den Schreibtisch. Schau, der Esstisch ist immer voll, die Theke, die Anrichte ..., vorne im Flur der Schrank.«

»Uhlig, aber das ist doch nicht mein Zeug, das ist doch fast alles deins. Räum doch einfach mal auf!«

»Wie denn?«

»Und zwar ohne gleich wieder was Neues anzuschaffen!«

»Ich kann nicht aufräumen, Karl. Erstens ist das meiste deins, und zweitens kann ich nicht aufräumen, weil ich nicht weiß, wo ich es hinräumen kann ...«

»Wir haben einfach zu viele Sachen, Uhlig.«

»Aber, Karl, das ist doch jetzt nicht die Diskussion.«

»Doch, genau das ist die Diskussion. Wofür braucht jedes Kind drei Mützen?«

»Auch drei reichen nicht, Karl. Heute Morgen war schon wieder keine da.«

»Hätten sie eine, würden sie darauf aufpassen, Uhlig.«

»Aber es sind ja nicht drei gleiche Mützen. Es ist eine Wintermütze, eine Übergangsmütze und eine Sommermütze. Nein, halt, stimmt nicht! Die Sommermützen habe ich ja schon weggeräumt, es sind nur noch Winter- und Übergangsmützen. Aber der Kleine, zum Beispiel, mag die eine Übergangsmütze gar nicht.«

»Uhlig, warum kommt sie dann nicht weg?«

»Weil ich sie mag, Karl.«

»Dann setz du sie doch auf, Uhlig!«

»Die passt mir nicht, mein Kopf ist zu dick.«
Herr Karl schnappte hörbar nach Luft. »Und worauf wartest du jetzt?«
»Dass sie wieder passt, Karl.«
Stille.
»Es gibt keinen Mauser, Uhlig.«
»Doch Karl, der passt nämlich!«
»Aber nicht in diese Wohnung. Wo soll denn der hier stehen? Du hast doch eh schon wieder alles vollgestellt mit deinen Möbeln. Es gibt gar keinen Platz!«
»Hier in der Ecke, neben der Küche.«
»Uhlig, da steht schon der Stuhl, der unbedingt sein musste. Niemand sitzt in diesem Stuhl! Niemand! Außer unserer Tochter.«
»Na, dann sitzt da ja jemand.«
»Und du willst ihr den Stuhl jetzt wegnehmen? Für deinen Schreibtisch? Bitte, wenn du meinst, der Schreibtisch muss sein, dann muss dafür was weg. Erkläre du das deiner Tochter, dass du ihren Lieblingsstuhl weggegeben hast. Und die Schaukel auf dem Balkon, die musste ja auch so dringend sein. Wie waren deine Worte? *Jeden Tag, egal wie kalt, sitzt du auf dieser Schaukel. Sommer wie Winter und gehst da dein Manuskript durch, weil nur durch die Schaukelbewegungen könntest du deine Gehirnwindungen richtig in Schwung bringen und über dein aktuelles Buch im Schreibprozess nachdenken.* Waren so nicht deine Worte, Uhlig? Und nebenbei würdest du noch auf dem Metallkochtisch – der ja auch unbedingt sein musste, unbedingt! Ohne den würde ja gar nichts mehr gehen – ein kleines japanisches Teriyaki-Gericht zubereiten.«
»Karl, das ist jetzt ganz unfair. Ich finde, dass die Schau-

kel mit dem Edelstahlgestell ganz hervorragend zum Nirosta-Tisch passt.«

»Aber, Uhlig, das war doch gar nicht die Frage!«

»Was war sie denn dann, Karl?«

»Uhlig, ich kann so nicht mehr. Das erstickt mich alles, dieses viele Zeug.«

»Deshalb will ich ja den Schreibtisch haben!«

»Ahh! Du willst ihn haben! Ich dachte, der wäre für mich, denn du hast ja einen Schreibtisch, Uhlig. Das Schreibbüro. Aus den Sechzigern. Eins hat ja nicht gereicht, ein zweites wurde auch noch angeschafft.«

»Aber das ist ja eine Investition. Das ist ja sozusagen …, da kommst du nie wieder dran, Karl. Die sind antik. Hast du so welche je vorher gesehen? Wie plötzlich der zweite aufgetaucht ist, dachte ich: Jackpot. Dass ein Mensch so viel Glück haben kann! Die sind großartig, und falls man davon keinen mehr will, werden die einem ja aus den Händen gerissen. Wenn du lieber den haben willst, dann sag das doch, dann geben wir den neuen Mauser halt zum Kleinen und nehmen den anderen raus.«

»Uhlig, darum geht es nicht! Ich will gar keinen haben, aber ganz unabhängig davon kannst du nicht einfach so wie der Prinzessin ihren Stuhl dem Kleinen seinen Schreibtisch wegnehmen. Das macht man nicht und als Mutter schon gar nicht! So geht man nicht mit Menschen und Sachen um.«

Herr Karl hatte das Totschlagargument gebracht, jetzt war Rückzug angesagt. Eine neue Strategie musste entwickelt werden.

»Ich brauche frische Luft. Wollen wir einen Spaziergang machen?«

»Gern, Uhlig.«

Dass wir an dem Laden vorbeispazieren würden, wo der Mauser im Schaufenster stand, war reiner Zufall, er lag einfach auf dem Weg. Doch als wir vor dem Laden standen, musste auch ich feststellen, dass er leider schon ein bisschen sehr Vintage war und seine besten Jahre längst vorbei, er war überall abgeschrammelt, man könnte auch zu fertig sagen. Somit war es leicht, sich den Mauser aus dem Kopf zu schlagen. Herr Karl frohlockte. Ich musste ihm ja nun nicht sagen, dass damit Platz für Neues in meinem Gehirn geschaffen war …

Frau Uhlig traut ihren Augen nicht

Oh nein, wie schön! Wie wunder-, wunderschön. Hat man schon jemals so was Schönes gesehen? Mein Herz fing an, schneller zu schlagen, meine Hände wurden schwitzig. Der Mauser war in dem Moment Geschichte, als ich *ihn* durch das Schaufenster in der hintersten Ecke des Ladens erblickte. Es war Schicksal. Er war so schön, so perfekt, so herrlich: Ich brauchte diesen Schrank. Dieser Schrank würde alle unsere Probleme mit einem Schlag lösen.

Er war nicht hoch. Ich schätzte ihn auf meine Größe, maximal 60 Zentimeter breit, aber höchstens 35 Zentimeter tief, eher eine Vitrine als ein Schrank, denn er hatte vorne Glastüren. Nur die Seiten schienen geschlossen zu sein. Ein Fabrikschrank, ein Metallfabrikschrank vermutlich aus den Zwanzigerjahren. Perfekt, genau so etwas hatte ich immer gesucht.

Geschmäcker sind ja verschieden – auch ein großes Problem, wenn man nicht mehr allein durchs Leben geht.

Manche Menschen mögen sich eher modern einrichten, andere antik, manche bevorzugen das derzeit so moderne Vintage, was die Sache nicht günstiger macht, wieder andere lieben es, sich mit Designern zu schmücken. Es gibt aber auch Leute, die räumen die Flohmärkte leer.

Toll sind ja auch diese alten Metallarzneischränke. Wenn sie nicht in diesem abgeblätterten weiß-bäsch-beige sind, machen sie eine Menge her. Ich glaube, es ist wichtig, sich immer wieder auch von Möbeln zu trennen, um im Fluss

zu bleiben. Man muss es ja nicht gleich so radikal machen wie eine Freundin von mir, die tatsächlich ihre Wohnung in einem Zeitraum von sechs Jahren drei Mal neu gestaltet hat, und zwar zur Gänze. Das erste Mal war ich bei ihr, da stand die Wohnung ganz im Zeichen Afrikas – Terrakotta-Wischtechnik-Wände, schwere dunkle Möbel und viele Sitzkissen am Boden. Das nächste Mal war die Wohnung im Landhausstil eingerichtet, hell und licht, und alles erstrahlte in Creme. Unlängst waren wir im Japanischen angekommen, ich hoffe, das Nächste ist nicht Gelsenkirchener Barock. Zugegeben, das ist alles extrem, und ich habe das so auch sonst noch nie erlebt. Aber meine Freundin sieht jeden Umzug als Chance, sich neu einzurichten und keinen Alltagstrott einkehren zu lassen.
»Aber du ziehst doch gar nicht um«, sagte ich zu ihr.
»Gefühlt schon«, antwortete sie. »Ich bin nach Afrika ins englische Cottage gezogen, von da nach Japan, und jetzt überlegen der Süße und ich, nach Downtown New York zu ziehen, aber diese Metallfabrikschränke sind halt oft so riesig.«
Wahnsinn, wie die sich einig sind, was die für einen Mut aufbringen. Bei uns gibt's ja schon eine Diskussion, wenn ich im Klo ein kleines Zusatzschränkchen haben möchte, in Greifnähe der Toilette. Obwohl ihm das eigentlich sehr gelegen kommen müsste, denn dieses Thema geht ihn ja auch an und stört sein ästhetisches Empfinden. Da sind wir uns mal einig. Wohin mit den Hygieneartikeln, wenn Frau mit Mann zusammenzieht? Das ist oft eine schwierige Frage, da die meisten Toiletten keinen Platz für ein Schränkchen haben. Wohin mit den Binden – im Fachjargon Vorlagen für die Menstruation – und auch mit diesen anderen kleinen Teilen aus Watte mit dem blauen Bänd-

chen hinten dran? Für beides muss ein Platz gefunden werden. Und zwar ein Platz in der Nähe der Toilette, ohne dass sie offen als Ausstellungsstücke präsentiert werden. Denn ich möchte auch nicht auf eine Toilette bei Freunden gehen und als Erstes über die Hygieneartikel der Gastgeberin stolpern. Das ist mir zu intim, das möchte ich nicht. Auch besteht die sehr reelle Gefahr, dass die Kinder sie als Spielzeug benutzen. Horror die Vorstellung, man sitzt bei Tisch, und die Tochter erscheint mit schönen neuen Watteohrringen, die sie an den blauen Bändchen ans Ohr gehängt hat, während sie eine Vorlage in die Runde hält und fragt: »Was ist das?«

»Das, mein Schatz«, fühlt sich der Herr des Hauses angesprochen, und da wir ja mittlerweile alle ganz aufgeklärt und modern sind, erklärt er auch freimütig, »ist eine Damenbinde.«

»Was macht man damit?«, fragt das kleine Monster weiter, es lässt sich ja nicht abspeisen mit Damenbinde. An dieser Stelle hätte man eigentlich das Gespräch unterbinden müssen, aber nein, wenn Kinder fragen, muss man ihnen eine Antwort geben. Also wird tief Luft geholt, in die Runde geblickt, und damit ist der entspannte Abend dann auch vorbei. Das alles wäre nicht passiert, wenn man Platz für ein kleines Schränkchen neben der Toilette gehabt hätte.

Aber mit Schränkchen ist das ja auch so eine Sache. Auch mit Schränken. Ich habe mittlerweile gelernt, meinem Bauchgefühl zu vertrauen. Gerade wenn man wie ich auf alte Sachen steht, muss man zugreifen, wenn sie einem begegnen.

So auch dieser Schrank. Er stand da vor mir in seiner ganzen Pracht. Ich musste ihn haben. In diesem Schrank würde sich alles vereinen, das spürte ich. Vielleicht musste dann ein Schreibtisch gar nicht sein und auch kein Hygieneschränkchen. Ich konnte meinen Blick nicht von ihm losreißen.

Herr Karl zog ungeduldig an meinem Ärmel. »Uhlig, wollen wir weiter? Mir wird kalt.«

»Schau mal, Karl! Da hinten, der Schrank.«

»Ja, schön, Uhlig. Können wir weiter?«

»Wie, schön, Karl? Er ist wunderschön. Wunder-, wunderschön. So einen Schrank suchen wir doch schon ganz lange!«

»Tun wir das?«

»Aber Karl, das weißt du doch. Wir suchen doch schon die längste Zeit, schon wirklich lange.«

»Was suchen wir schon die ganze Zeit, Uhlig? Ich suche gar nichts.«

»Doch, Karl!«

»Nein, Uhlig! Ich brauche nix.«

»Karl, das ist jetzt wirklich unfair. Wir haben doch schon oft darüber gesprochen.«

»Worüber, Uhlig?«

»Über einen Schrank. Über einen Schrank, den wir universal einsetzen können.«

Stille.

»Darüber haben wir noch nie gesprochen, Uhlig. Vielleicht du mit deinen Freundinnen, aber mit mir noch nie.«

»Wohl haben wir das, aber ich will mich jetzt nicht mit dir streiten. Schau ihn dir an, ist der nicht super? Der passt überallhin. Egal in welcher Wohnung er steht, er passt sich jedem Wohnungstyp an. Vom Klo bis zur Küche, ein Allrounder. Sogar im Flur macht er Sinn. Was meinst du?«

»Ich meine, dass mir jetzt kalt ist und dass ich bitte weitergehen möchte.«

»Aber Karl, der Schrank«
»Steht da gut, weil das Geschäft geschlossen ist.«
»Also schauen wir uns den morgen an, Karl?«
»Schau, Uhlig, ich wusste bis jetzt gar nicht, dass wir einen Schrank benötigen, einen Allrounder, wie du sagst. Lass uns doch jetzt nach Hause gehen bitte, da kannst du dann noch mal schauen, wohin er passt. Auch wenn er ein Allrounder ist, braucht man ihn nur, wenn er irgendwohin passt und da auch Sinn macht. Und wenn du dann das Gefühl hast, ohne den Allrounder geht es nicht, dann kaufst du ihn dir halt. Aber ich kaufe nix, weil ich brauche keinen Schrank. Da wäre ja ein Schreibtisch sinnvoller gewesen.«
Ich starrte ihn an. In Herrn Karls Mundwinkel zuckte es verdächtig. Der Herr hatte sich einen Scherz erlaubt.
»Nein, Uhlig, im Ernst. Der Schrank ist wirklich schön. Schau ihn dir bei Tageslicht noch mal an und dann entscheide du. Da vertraue ich dir blind, du hast einen guten Geschmack. Aber bitte, lass uns jetzt nach Hause gehen.«
Tja, manchmal hat man Glück, manchmal hat man Pech. Der Schrank wäre wirklich super gewesen. Da waren Herr Karl und ich uns mal einig. Eigentlich sind wir uns nämlich sehr oft einig, nur nicht in der Konsumfrage. Wir hätten den Schrank auch gekauft, aber auf den letzten Metern, kurz vor der Lieferung, stellte sich heraus, dass er ein Nachbau war. Ein moderner Schrank, auf alt getrimmt, und das ist Herrn Karl und mir ein Dorn im Auge. Wenn alt, dann wirklich alt. Neu auf alt ist billig, und so haben wir nun doch noch keinen Allrounder. Aber Herr Karl hat quasi einem Allrounder schon zugestimmt, und wie sagt man so schön: Der Weg ist das Ziel. Ich werde schon einen finden.

Frau Uhlig und das Finale

Uhlig! Weg, weg, schon wieder weg. Ich flipp aus!«
»Was ist weg, Karl?«
»Das Internet, Uhlig!«
»Bei mir geht's.«
»Ja, du hast ja auch eine mobile Datenkarte.«
Jetzt kam das wieder. Doch was dann kam, war neu von ihm.
»Aus, Schluss, ich nehm das jetzt in die Hand mit unserem Internetanschluss, sonst wird das nie was.«
Stille.
Ich werde doch jetzt nicht das Feld räumen und ihm meine heiß geliebte Telekom überlassen. Schnell musste eine neue Strategie her. Ich holte tief Luft.
»Nein, Karl, bitte! Du hast gar keine Zeit, du musst doch jetzt zum Flughafen.«
»Ja, aber das erledige ich nebenher.«
»Karl«, fuhr ich vorsichtig fort, »das kannst du nicht nebenher erledigen. Hast du jemals mit der Telekom telefoniert?«
Stille.
Jetzt hatte ich ihn. Weiter auf ihn einreden war nun wichtig.
»Du weißt gar nicht, was das heißt, worauf du dich da einlässt. Noch dazu hast du einen österreichischen Vertrag, damit erreichst du die deutsche Hotline der Telekom nicht. Da müsstest du erst mal googeln *Wie erreiche ich mit einem österreichischen Mobilfunkvertrag eine*

deutsche 0180er-Hotline-Nummer. Du kannst aber nicht googeln, da du kein Internet hast.«

»Ja, Uhlig, aber du kannst googeln, denn du hast ja mobiles Netz.« Klug, der Mann, das musste man ihm lassen. Aber manchmal bin ich klüger, und so antwortete ich: »Eben, aber dann kann ich es auch gleich selbst erledigen. Außerdem bin ich mir gar nicht sicher, dass das der Router ist, der wurde ja durch dein Anraten letzte Woche erst getauscht. Ich glaube mittlerweile, das Problem liegt nicht bei der Telekom, sondern bei dem Zubehör, das wir im Laden der Telekom gekauft haben.«

»Wir? Uhlig?«

»Ich, Karl.«

»Eben.«

»Karl, wir brauchten die, diese Verstärker, sonst hätten wir kein Internet in der ganzen Wohnung. Diese Verstärker, diese Dillelong oder Dallalong, die das WLAN-Signal in die anderen Zimmer, die weit weg vom Router sind, transferieren sollen, die sind kaputt, das glaube ich. Die leuchten zwar grün, aber das Signal kommt da nicht an, davon bin ich überzeugt.«

In dem Moment hörte ich eine SMS auf meinem Handy ankommen. »Karl, dein Taxi steht vor der Tür, schreiben sie, du musst.«

»Und ich soll das wirklich nicht erledigen mit der Telekom, Uhlig? Ich mach das gern.«

»Das glaub ich dir, und das ehrt dich auch, aber du musst jetzt zum Flieger. Außerdem wolltest du noch Klaus zurückrufen, den du wegen mir vorhin netterweise vertröstet hast.«

Wie aufs Stichwort klingelte sein Handy. Schnell gab er mir einen Kuss und verließ die Wohnung.

Das alles hatte sich gefühlt vor einer Stunde abgespielt. Tatsächlich waren eineinhalb Stunden vergangen, wie mir unsere Wanduhr unweigerlich vor Augen hielt. Ich hing immer noch in der Warteschleife der Devolon, das war ja schlimmer als bei der Telekom. Meine Nerven waren zum Zerreißen gespannt. Die Kinder waren auch verzweifelt. Mittlerweile schauten sie ihre Online-Serien auf meinem Tablet, das einzige Gerät, das außer meinem Handy noch eine Datenverbindung besaß, denn beim Fernseher ging ja auch nichts mehr. Leider waren die lieben Kleinen nicht anders ruhig zu stellen und aus dem Familienbegegnungsstättenhauptraum zu kriegen. Ich brauchte Ruhe, um zu hören, wenn sich jemand in der Hotline melden würde. Ich hatte mein Telefon auf laut gestellt und beiseitegelegt, da ich die blecherne Computerstimme, die mir gefühlt alle zehn Sekunden meine aktuelle Position in der Warteschlange mitteilte, nicht mehr länger an meinem Ohr ertragen konnte. Sie machte mich richtig aggressiv, zu allem Überfluss klopfte Herr Karl auch noch ständig an. Ich konnte seinen Anruf aber nicht entgegennehmen, da ich, wie schon so oft, Sorge hatte, dass genau in dem Moment, in dem ich ihn in die Leitung holen würde, ich auch in der Hotline an der Reihe wäre. Ein Horrorszenario, denn dann würde der Hotlinemensch auflegen, weil er mich nicht hörte. Eigentlich ja Quatsch, der Gedanke, denn ich befand mich in diesem Moment an Position fünf, zu Beginn meines Telefonats war ich an Position elf gewesen.
Das hieß, ich hatte eineinhalb Stunden gebraucht, um sechs Positionen nach vorne zu rücken. Somit könnte ich eigentlich ruhig Herrn Karl annehmen. Aber ich hatte noch eine andere Angst, und zwar, fahrlässig die falsche

Taste zu drücken und damit alle Gespräche umgehend zu beenden. So weit war es mit mir schon gekommen, dass ich nicht einmal mehr den Anruf meines Mannes kurz vor seinem Abflug annehme, weil die Angst zu groß ist, den Hotlinewarteplatz zu verlieren. Da kann ja meine sonstige Angst vor dem Absturz des Flugzeugs, in dem meine Liebe sitzt, nicht so riesig sein wie gedacht. Herrlich! In Zukunft würde ich mir den Therapeuten ersparen und lieber eine Hotline anrufen.

»Sie sind aktuell an Position vier. Wenn Ihnen die Wartezeit zu lange erscheint, können Sie uns auch eine E-Mail schreiben.« Gleichzeitig mit der blechernen Durchsage ging eine SMS auf mein Handy ein: *Ich steig gleich ein.*

Vielleicht sollte ich doch schnell meinen Großen rufen, schoss mir durch den Kopf, damit er vom Festnetz den Papa anruft, um ihm zu sagen, dass die Mama wegen dem Internet in der Warteschleife am Telefon hängt und nicht mit ihm sprechen kann. Er solle sich aber bitte keine Sorgen machen, alles wäre gut. Fürchterlich, allein der Gedanke, ohne zu wissen, was zu Hause los ist, in den Flieger zu steigen … Nein, das würde ich auch nicht wollen, das würde ich auch keinem anderen antun.

»Sie sind aktuell an Position zwei.«

Holla, jetzt ging es aber fix, ich war gesprungen. Ich war zwei Plätze auf einmal gesprungen. Jemand anderem war es wohl zu lang und zu dumm mit der Hotline geworden.

»Wenn Ihnen die Wartezeit zu lange erscheint, können Sie uns auch eine E-Mail schreiben«, fuhr die Stimme weiter blechern fort.

Erneut ging eine SMS von Herrn Karl ein: *Ich flieg jetzt.*

Jetzt aber schnell, durchfuhr es mich. Ich raste zum Festnetz, riss die Tür zu meinen Kindern auf, schmiss dem

Großen das Handteil hin, da hörte ich aus der Küche »Schönen guten Tag, Kundenservice. Wie kann ich Ihnen helfen?«

Oh, nein … geistesgegenwärtig schrie ich den Großen an: »Du rufst jetzt Papa an und sagst, alles ist gut!« Ich drehte mich um und rannte zurück in die Küche zu meinem Handy. Die Stimme wurde schon ungeduldig. Jetzt würde es nicht mehr lange dauern und sie würde auflegen. Eineinhalb Stunden umsonst.

»Hallo, ist da jemand? Kundenservice. Hallo?«

»Ja!«, rief ich mit überschlagender Stimme sehr laut in Richtung Handy. »Hallo! Hallo. Uhlig hier. Schönen guten Tag!« Ich hatte es rechtzeitig geschafft, ich hatte das Handy in der Hand. Ruhig, Uhlig, ruhig atmen, sonst versteht dich keiner, versuchte ich mich innerlich zu ermahnen. »Großartig, dass ich Sie erreiche! Wirklich ganz großartig.«

»Mama?«, mein Großer streckte mir das Festnetzt entgegen. Wo kam der denn plötzlich her? »Da ist immer *Kein Anschluss unter dieser Nummer,* Mama!«

Ich hatte jetzt keine Zeit für mein Kind. Ich musste mich auf das Gespräch mit der Hotline konzentrieren und versuchte, ihn mit der freien Hand ruhig zu wedeln. Aber mein Großer konnte penetrant sein, das hatte er vom Vater, der lässt sich auch nicht wegwedeln.

»Mama!«

Schnell hielt ich das Handy von mir weg und flüsterte: »Du musst die österreichische Vorwahl wählen.«

»Wie ist die denn, Mama?«

Himmel Herrschaftszeiten, das konnte doch nicht wahr sein! Wieso wusste mein Großer nicht, wie die Nummer vom Papa war?

»Hören Sie«, sprach ich wieder ins Handy, »wir haben ein Problem mit dem Internet.« Während ich versuchte, den Sachverhalt genau zu schildern, schrieb ich gleichzeitig die Nummer von Herrn Karl auf einen Zettel, steckte ihn meinem Großen zu und wedelte ihn bestimmt und mit Nachdruck hinaus – eigentlich schob ich ihn eher –, damit ich mich nun endlich auf das Gespräch konzentrieren konnte, ich hatte eh schon wieder den Faden verloren.

»Wo waren wir stehen geblieben?«, fragte ich den Herrn in der Leitung. Der Mann ging auf meine Frage gar nicht ein und meinte nur lakonisch: »Wo steckt denn der Devolon?«

Ich war verwirrt. »Wer steckt wo?«

»Gute Frau, wo steckt der Devolon?«

Wo soll er schon stecken, fuhr es mir durch den Kopf. Laut sagt ich: »In einer Steckdose.«

»Allein?«, fragte der Herr nach.

Was war denn mit dem los? War der nicht ganz dicht?

»Wie, allein?«, fragte ich trotzdem höflich zurück.

»Steckt er in einer Einzelsteckdose allein oder in einer Doppelsteckdose?«

»Hä?«, entfuhr es mir.

»Steckt er in einer Einzelsteckdose allein oder in einer Doppelsteckdose?«, wiederholte der Herr genervt und ungeduldig.

»Ist das wichtig?« Ich war völlig verwirrt.

»Gute Frau, beantworten Sie bitte nur meine Frage!«, wurde ich mittlerweile unwirsch und laut zurechtgewiesen.

»Doppelsteckdose.«

»Steckt was neben ihm?«

»Ja, die Lampe«, antwortete ich.
»Aha! Da haben wir schon des Rätsels Lösung. Das mag er nicht.«
»Was mag er nicht? Wer mag was nicht?«
Der Herr ging einfach über meine Fragen hinweg und fuhr wie einstudiert weiter fort: »Sie starten den Devolon jetzt neu, indem Sie ihn in der Nähe des Routers einstecken, dann stecken Sie ihn wieder dahin, wo Sie ihn haben wollen. Das, was danebengesteckt hat, die Lampe, stecken Sie in den Devolon, der ja auch einen Steckplatz besitzt. Sie lassen immer die Steckplätze in der Steckdosenleiste neben dem Devolon frei. Er mag nichts neben sich haben, sonst hängt er sich auf.«
Während der Mann sprach, hatte ich schon begonnen, seine Anweisungen durchzuführen, und siehe da, Internetempfang perfekt und reibungslos.
»Ich danke Ihnen«, sprach ich glücklich ins Telefon. »Wissen Sie, wir haben schon den Router ausgetauscht und mit der Telekom telefoniert. Die haben schon einen Techniker geschickt und wollten jetzt wieder einen Techniker schicken und ach …«
»Haben Sie sonst noch Fragen? Ich würde ich mich gerne aus dem Gespräch verabschieden. Andere Kunden warten noch.«
»Mama? Der Papa will dich kurz sprechen!« Wieder stand mein Großer vor mir und hielt mir das Festnetz entgegen.
»Nein, danke!«, sagte ich völlig perplex ins Handy. So unwirsch war ich ja noch nie abgekanzelt worden. »Sie haben mir sehr geholfen, ich wollte nur Danke sagen. Ich bin wirklich fassungslos, dass man mich im Geschäft nicht darüber aufgeklärt hat, dass der Devolon gerne

Single ist.« Diesen Scherz fand ich wirklich gelungen, aber der Herr hatte schon aufgelegt. Tja, so etwas soll es geben. Resigniert nahm ich vom Großen das Festnetz entgegen, welcher umgehend wieder zu den anderen ins Zimmer verschwand.
»Hey«, rief ich ihm nach, »ihr könnt jetzt gern am großen Fernseher schauen, das Internet geht wieder.«
»Was? Das Internet geht wieder?«, hörte ich Herrn Karls Stimme an mein Ohr dringen. »Super, Uhlig, das hätte ich nicht gedacht. Super! Auf dich ist Verlass!«
»Ich habe eineinhalb Stunden mit der Hotline verbracht«, sagte ich lakonisch. »Mit der Devolon-Hotline.«
»Seit ich weg bin, Uhlig?«
»Seit du weg bist, Karl. Das ist neuer Hotline-Rekord. Deshalb konnte ich auch nicht ans Telefon gehen, als du versucht hast, mich zu erreichen.«
»Verstehe.«
»Karl, so etwas ist mir noch nie passiert, ich hatte einen wirklich unfreundlichen Menschen am Apparat.«
»Du Arme!«
»Ja, ich fühle mich auch ganz arm.« Herrlich, wenn einen der Mann so auffängt und versteht, wie's einem geht.
»Uhlig, sag schnell! Die Stewardess hat mir schon ein Zeichen gegeben. Was war es?«
»Die Steckdose.«
»Die Steckdose?«
»Ja, die Steckdose, Karl.«
»Verstehe ich nicht, Uhlig.«
»Der WLAN-Verstärker mag nichts neben sich haben.«
»Verstehe.«
»Es kann nur einen geben, Karl. In jeglicher Hinsicht.«
»Danke für die versteckten Blumen, Uhlig.«

»Bitte, Karl. Ach, und bevor ich's vergesse, der Allrounder neulich, der neue auf alt getrimmt …«
»Uhlig, später. Ich muss jetzt auflegen!«
»Ganz kurz! Ganz kurz! Ich glaube, ich nehme den doch. Als Übergangslösung und stelle ihn vorne hin, bei uns in den Flur.«
»Das passt nicht, Uhlig. Da ist er zu groß!«
»Doch, das passt, ich hab's ausgemessen!«
Stille.

Danksagung

Irgendwie will ich mir immer etwas Originelles einfallen lassen, vielleicht sage ich einfach mal schlicht danke.
Die Danksagung – da denke ich immer, Wahnsinn, was sollte ich jetzt alles sagen, wie kann ich dem gerecht werden, was ich empfinde für die Menschen, die mir so geholfen haben? Reicht da ein Danke? Ja, vielleicht fängt man einfach einmal damit an: Danke!

Version 1 (vermutlich zu kurz)
DANKE! DANKE! DANKE!
Version 2 (Die anderen vergessen.)
Danke, danke liebe Christie. Danke, dass es dich gibt.
Version 3 (Immer noch nicht alle genannt.)
Danke, danke liebe Christie. Danke!
Danke, liebe Frau Hess, es war mir eine Freude, mit Ihnen zu arbeiten. Danke, danke!
Ebenso ergeht es mir mit dir, Christina Brücher. Danke!
Version 4 (Hoffentlich alle genannt …)
Danke, liebe Christie! Danke, liebe Frau Hess! Danke, liebe Frau Materne! Danke, liebe Christina Brücher! Danke, liebe Sohela Emami! Danke, liebe Frau Ketterle! Danke, liebe Frau Neuhoff! Danke, liebe Frau Ilgen!

Danke, dass ihr da seid! Das passt …! Danke! So, und nun ist das Buch aus, wir gehen nach Haus. Danke schön!

PS: Und danke, dass Sie es gelesen haben. ☺